心一堂術數古籍珍本叢刊

書名：邵夫子前定終身神數
系列：心一堂術數古籍珍本叢刊　星命類　神數系列　第三輯　299
作者：舊題【宋】邵雍
主編、責任編輯：陳劍聰
心一堂術數古籍珍本叢刊編校小組：陳劍聰　素聞　鄒偉才　虛白盧主　丁鑫華

出版：心一堂有限公司
通訊地址：香港九龍旺角彌敦道六一〇號荷李活商業中心十八樓〇五—〇六室
深港讀者服務中心：中國深圳市羅湖區立新路六號羅湖商業大厦負一層〇〇八室
電話號碼：(852)9027-7110
網址：publish.sunyata.cc
電郵：sunyatabook@gmail.com
網店：http://book.sunyata.cc
淘寶店地址：https://sunyata.taobao.com
微店地址：https://weidian.com/s/1212826297
臉書：https://www.facebook.com/sunyatabook
讀者論壇：http://bbs.sunyata.cc/

版次：二零二一年五月初版
平裝

定價：港幣　二百八十元正
新台幣　一仟二百八十元正

國際書號：ISBN 978-988-8583-88-1

香港發行：香港聯合書刊物流有限公司
地址：香港新界荃灣德士古道二二〇—二四八號荃灣工業中心十六樓
電話號碼：(852)2150-2100
傳真號碼：(852)2407-3062
電郵：info@suplogistics.com.hk
網址：http://www.suplogistics.com.hk

台灣發行：秀威資訊科技股份有限公司
地址：台灣台北市內湖區瑞光路七十六巷六十五號一樓
電話號碼：+886-2-2796-3638
傳真號碼：+886-2-2796-1377
網絡書店：www.bodbooks.com.tw
台灣秀威書店讀者服務中心：
地址：台灣台北市中山區松江路二〇九號一樓
電話號碼：+886-2-2518-0207
傳真號碼：+886-2-2518-0778
網絡書店：http://www.govbooks.com.tw

中國大陸發行　零售：深圳心一堂文化傳播有限公司
深圳地址：深圳市羅湖區立新路六號羅湖商業大厦負一層〇〇八室
電話號碼：(86)0755-82224934

心一堂微店二維碼

心一堂淘寶店二維碼

心一堂術數古籍 珍本 整理 叢刊 總序

術數定義

術數，大概可謂以「推算（推演）、預測人（個人、群體、國家等）、事、物、自然現象、時間、空間方位等規律及氣數，並或通過種種『方術』，從而達致趨吉避凶或某種特定目的」之知識體系和方法。

術數類別

我國術數的內容類別，歷代不盡相同，例如《漢書．藝文志》中載，漢代術數有六類：天文、曆譜、五行、蓍龜、雜占、形法。至清代《四庫全書》，術數類則有：數學、占候、相宅相墓、占卜、命書、相書、陰陽五行、雜技術等，其他如《後漢書．方術部》、《藝文類聚．方術部》、《太平御覽．方術部》等，對於術數的分類，皆有差異。古代多把天文、曆譜、及部分數學均歸入術數類，而民間流行亦視傳統醫學作為術數的一環；此外，有些術數與宗教中的方術亦往往難以分開。現代民間則常將各種術數歸納為五大類別：命、卜、相、醫、山，通稱「五術」。

本叢刊在《四庫全書》的分類基礎上，將術數分為九大類別：占筮、星命、相術、堪輿、選擇、三式、讖諱、理數（陰陽五行）、雜術（其他）。而未收天文、曆譜、算術、宗教方術、醫學。

術數思想與發展——從術到學，乃至合道

我國術數是由上古的占星、卜筮、形法等術發展下來的。其中卜筮之術，是歷經夏商周三代而通過「龜卜、蓍筮」得出卜（筮）辭的一種預測（吉凶成敗）術，之後歸納並結集成書，此即現傳之《易

經》。經過春秋戰國至秦漢之際，受到當時諸子百家的影響、儒家的推崇，遂有《易傳》等的出現，原本是卜筮術書的《易經》，被提升及解讀成有包涵「天地之道（理）」之學。因此，《易・繫辭傳》曰：「易與天地準，故能彌綸天地之道。」

漢代以後，易學中的陰陽學說，與五行、九宮、干支、氣運、災變、律曆、卦氣、讖緯、天人感應說等相結合，形成易學中象數系統。而其他原與《易經》本來沒有關係的術數，如占星、形法、選擇，亦漸漸以易理（象數學說）為依歸。《四庫全書・易類小序》云：「術數之興，多在秦漢以後。要其旨，不出乎陰陽五行，生剋制化。實皆《易》之支派，傳以雜說耳。」至此，術數可謂已由「術」發展成「學」。

及至宋代，術數理論與理學中的河圖洛書、太極圖、邵雍先天之學及皇極經世等學說給合，通過術數以演繹理學中「天地中有一太極，萬物中各有一太極」（《朱子語類》）的思想。術數理論不單已發展至十分成熟，而且也從其學理中衍生一些新的方法或理論，如《梅花易數》、《河洛理數》等。

在傳統上，術數功能往往不止於僅僅作為趨吉避凶的方術，及「能彌綸天地之道」的學問，亦有其「修心養性」的功能，「與道合一」（修道）的內涵。《素問・上古天真論》：「上古之人，其知道者，法於陰陽，和於術數。」數之意義，不單是外在的算數、歷數、氣數，而是與理學中同等的「道」、「理」－心性的功能，北宋理氣家邵雍對此多有發揮：「聖人之心，是亦數也」、「萬化萬事生乎心」、「心為太極」。《觀物外篇》：「先天之學，心法也。……蓋天地萬物之理，盡在其中矣，心一而不分，則能應萬物。」反過來說，宋代的術數理論，受到當時理學、佛道及宋易影響，認為心性本質上是等同天地之太極。天地萬物氣數規律，能通過內觀自心而有所感知，即是內心也已具備有術數的推演及預測、感知能力；相傳是邵雍所創之《梅花易數》，便是在這樣的背景下誕生。

《易・文言傳》已有「積善之家，必有餘慶；積不善之家，必有餘殃」之說，至漢代流行的災變說及讖緯說，我國數千年來都認為天災，異常天象（自然現象），皆與一國或一地的施政者失德有關；下至家族、個人之盛衰，也都與一族一人之德行修養有關。因此，我國術數中除了吉凶盛衰理數之外，人心的德行修養，也是趨吉避凶的一個關鍵因素。

術數與宗教、修道

在這種思想之下，我國術數不單只是附屬於巫術或宗教行為的方術，又往往是一種宗教的修煉手段--通過術數，以知陰陽，乃至合陰陽（道）。「其知道者，法於陰陽，和於術數。」例如，「奇門遁甲」術中，即分為「術奇門」與「法奇門」兩大類。「法奇門」中有大量道教中符籙、手印、存想、內煉的內容，是道教內丹外法的一種重要外法修煉體系。甚至在雷法一系的修煉上，亦大量應用了術數內容。此外，相術、堪輿術中也有修煉望氣（氣的形狀、顏色）的方法；堪輿家除了選擇陰陽宅之吉凶外，也有道教中選擇適合修道環境（法、財、侶、地中的地）的方法，以至通過堪輿術觀察天地山川陰陽之氣，亦成為領悟陰陽金丹大道的一途。

易學體系以外的術數與的少數民族的術數

我國術數中，也有不用或不全用易理作為其理論依據的，如揚雄的《太玄》、司馬光的《潛虛》。也有一些占卜法、雜術不屬於《易經》系統，不過對後世影響較少而已。

外來宗教及少數民族中也有不少雖受漢文化影響（如陰陽、五行、二十八宿等學說。）但仍自成系統的術數，如古代的西夏、突厥、吐魯番等占卜及星占術，藏族中有多種藏傳佛教占卜術、苯教占卜術、擇吉術、推命術、相術等；北方少數民族有薩滿教占卜術；不少少數民族如水族、白族、布朗族、佤族、彝族、苗族等，皆有占雞（卦）草卜、雞蛋卜等術，納西族的占星術、占卜術，彝族畢摩的推命術、占卜術……等等，都是屬於《易經》體系以外的術數。相對上，外國傳入的術數以及其理論，對我國術數影響更大。

曆法、推步術與外來術數的影響

我國的術數與曆法的關係非常緊密。早期的術數中，很多是利用星宿或星宿組合的位置（如某星在某州或某宮某度）付予某種吉凶意義，并據之以推演，例如歲星（木星）、月將（某月太陽所躔之宮次）等。不過，由於不同的古代曆法推步的誤差及歲差的問題，若干年後，其術數所用之星辰的位置，已與真實星辰的位置不一樣了；此如歲星（木星），早期的曆法及術數以十二年為一周期（以應地支），與木星真實周期十一點八六年，每幾十年便錯一宮。後來術家又設一「太歲」的假想星體來解決，是歲星運行的相反，週期亦剛好是十二年。而術數中的神煞，很多即是根據太歲的位置而定。又如六壬術中的「月將」，原是立春節氣後太陽躔娵訾之次而稱作「登明亥將」，至宋代，因歲差的關係，要到雨水節氣後太陽才躔娵訾之次，當時沈括提出了修正，但明清時六壬術中「月將」仍然沿用宋代沈括修正的起法沒有再修正。

由於以真實星象周期的推步術是非常繁複，而且古代星象推步術本身亦有不少誤差，大多數術數除依曆書保留了太陽（節氣）、太陰（月相）的簡單宮次計算外，漸漸形成根據干支、日月等的各自起例，以起出其他具有不同含義的眾多假想星象及神煞系統。唐宋以後，我國絕大部分術數都主要沿用這一系統，也出現了不少完全脫離真實星象的術數，如《子平術》、《紫微斗數》、《鐵版神數》等。後來就連一些利用真實星辰位置的術數，如《七政四餘術》及選擇法中的《天星選擇》，也已與假想星象及神煞混合而使用了。

隨着古代外國曆（推步）、術數的傳入，如唐代傳入的印度曆法及術數，元代傳入的回回曆等，其中我國占星術便吸收了印度占星術中羅睺星、計都星等而形成四餘星，又通過阿拉伯占星術而吸收了其中來自希臘、巴比倫占星術的黃道十二宮、四大（四元素）學說（地、水、火、風），並與我國傳統的二十八宿、五行說、神煞系統並存而形成《七政四餘術》。此外，一些術數中的北斗星名，不用我國傳統的星名：天樞、天璇、天璣、天權、玉衡、開陽、搖光，而是使用來自印度梵文所譯的：貪狼、巨門、祿存、文曲，廉貞、武曲、破軍等，此明顯是受到唐代從印度傳入的曆法及占星術所影響。如星命術中的《紫微斗數》及堪輿術中的《撼龍經》等文獻中，其星皆用印度譯名。及至清初《時憲曆》，置閏之法則改用西法「定氣」。清代以後的術數，又作過不少的調整。

此外，我國相術中的面相術、手相術，唐宋之際受印度相術影響頗大，至民國初年，又通過翻譯歐西、日本的相術書籍而大量吸收歐西相術的內容，形成了現代我國坊間流行的新式相術。

陰陽學——術數在古代、官方管理及外國的影響

術數在古代社會中一直扮演着一個非常重要的角色，影響層面不單只是某一階層、某一職業、某一年齡的人，而是上自帝王，下至普通百姓，從出生到死亡，不論是生活上的小事如洗髮、出行等，大事如建房、入伙、出兵等，從個人、家族以至國家，從天文、氣象、地理到人事、軍事，從民俗、學術到宗教，都離不開術數的應用。我國最晚在唐代開始，已把以上術數之學，稱作陰陽（學），行術數者稱陰陽人。（敦煌文書、斯四三二七唐《師師漫語話》：「以下說陰陽人謾語話」，此說法後來傳入日本，今日本人稱行術數者為「陰陽師」）。一直到了清末，欽天監中負責陰陽術數的官員中，以及民間術數之士，仍名陰陽生。

古代政府的中欽天監（司天監），除了負責天文、曆法、輿地之外，亦精通其他如星占、選擇、堪輿等術數，除在皇室人員及朝庭中應用外，也定期頒行日書、修定術數，使民間對於天文、日曆用事吉凶及使用其他術數時，有所依從。

我國古代政府對官方及民間陰陽學及陰陽官員，從其內容、人員的選拔、培訓、認證、考核、律法監管等，都有制度。至明清兩代，其制度更為完善、嚴格。

宋代官學之中，課程中已有陰陽學及其考試的內容。（宋徽宗崇寧三年〔一一零四年〕崇寧算學令：「諸學生習……並曆算、三式、天文書。」「諸試……三式即射覆及預占三日陰陽風雨。天文即預

定一月或一季分野災祥，並以依經備草合問為通。」

金代司天臺，從民間「草澤人」（即民間習術數人士）考試選拔：「其試之制，以《宣明曆》試推步，及《婚書》、《地理新書》試合婚、安葬，並《易》筮法，六壬課、三命、五星之術。」（《金史》卷五十一・志第三十二・選舉一）

元代為進一步加強官方陰陽學對民間的影響、管理、控制及培育，除沿襲宋代、金代在司天監掌管陰陽學及中央的官學陰陽學課程之外，更在地方上增設陰陽學課程（《元史・選舉志一》：「世祖至元二十八年夏六月始置諸路陰陽學。」）地方上也設陰陽學教授員，培育及管轄地方陰陽人。（《元史・選舉志一》：「（元仁宗）延祐初，令陰陽人依儒醫例，於路、府、州設教授員，凡陰陽人皆管轄之，而上屬於太史焉。」）自此，民間的陰陽術士（陰陽人），被納入官方的管轄之下。

至明清兩代，陰陽學制度更為完善。中央欽天監掌管陰陽學，明代地方縣設陰陽學正術，各州設陰陽學典術，各縣設陰陽學訓術。陰陽人從地方陰陽學肄業或被選拔出來後，再送到欽天監考試。（《大明會典》卷二二三：「凡天下府州縣舉到陰陽人堪任正術等官者，俱從吏部送（欽天監），考中，送回選用；不中者發回原籍為民，原保官吏治罪。」）清代大致沿用明制，凡陰陽術數之流，悉歸中央欽天監及地方陰陽官員管理、培訓、認證。至今尚有「紹興府陰陽印」、「東光縣陰陽學記」等明代銅印，及某某縣某某之清代陰陽執照等傳世。

清代欽天監漏刻科對官員要求甚為嚴格。《大清會典》「國子監」規定：「凡算學之教，設肄業生。滿洲十有二人，蒙古、漢軍各六人，於各旗官學內考取。漢十有二人，於舉人、貢監生童內考取。附學生二十四人，由欽天監選送。教以天文演算法諸書，五年學業有成，舉人引見以欽天監博士用，貢監生童以天文生補用。」學生在官學肄業、貢監生肄業或考得舉人後，經過了五年對天文、算法、陰陽學的學習，其中精通陰陽術數者，會送往漏刻科。而在欽天監供職的官員，《大清會典則例》「欽天監」規定：「本監官生三年考核一次，術業精通者，保題升用。不及者，停其升轉，再加學習。如能黽勉供職，即予開復。仍不及者，降職一等，再令學習三年，能習熟者，准予開復，仍不能者，黜退。」除定期考核以定其升用降職外，《大清律例》中對陰陽術士不準確的推斷（妄言禍福）是要治罪的。《大清律例・一七八・術七・妄言禍福》：「凡陰陽術士，不許於大小文武官員之家妄言禍福，違者杖一百。其依經推算星命卜課，不在禁限。」大小文武官員延請的陰陽術士，自然是以欽天監漏刻科官員或地方陰陽官員為主。

官方陰陽學制度也影響鄰國如朝鮮、日本、越南等地，一直到了民國時期，鄰國仍然沿用着我國的多種術數。而我國的漢族術數，在古代甚至影響遍及西夏、突厥、吐蕃、阿拉伯、印度、東南亞諸國。

術數研究

術數在我國古代社會雖然影響深遠，「是傳統中國理念中的一門科學，從傳統的陰陽、五行、九宮、八卦、河圖、洛書等觀念作大自然的研究。……傳統中國的天文學、數學、煉丹術等，要到上世紀中葉始受世界學者肯定。可是，術數還未受到應得的注意。術數在傳統中國科技史、思想史，文化史、社會史，甚至軍事史都有一定的影響。……更進一步了解術數，我們將更能了解中國歷史的全貌。」（何丙郁《術數、天文與醫學中國科技史的新視野》，香港城市大學中國文化中心。）

可是術數至今一直不受正統學界所重視，加上術家藏秘自珍，又揚言天機不可洩漏，「（術數）乃吾國科學與哲學融貫而成一種學說，數千年來傳衍嬗變，或隱或現，全賴一二有心人為之繼續維繫，賴以不絕，其中確有學術上研究之價值，非徒癡人說夢，荒誕不經之謂也。其所以至今不能在科學中成立一種地位者，實有數因。蓋古代士大夫階級目醫卜星相為九流之學，多恥道之；而發明諸大師又故為惝恍迷離之辭，以待後人探索；間有一二賢者有所發明，亦秘莫如深，既恐洩天地之秘，復恐譏為旁門左道，始終不肯公開研究，成立一有系統說明之書籍，貽之後世。故居今日而欲研究此種學術，實一極困難之事。」（民國徐樂吾《子平真詮評註》，方重審序）

現存的術數古籍，除極少數是唐、宋、元的版本外，絕大多數是明、清兩代的版本。其內容也主要是明、清兩代流行的術數，唐宋或以前的術數及其書籍，大部分均已失傳，只能從史料記載、出土文獻、敦煌遺書中稍窺一鱗半爪。

術數版本

坊間術數古籍版本，大多是晚清書坊之翻刻本及民國書賈之重排本，其中豕亥魚魯，或任意增刪，往往文意全非，以至不能卒讀。現今不論是術數愛好者，還是民俗、史學、社會、文化、版本等學術研究者，要想得一常見術數書籍的善本、原版，已經非常困難，更遑論如稿本、鈔本、孤本等珍稀版本。在文獻不足及缺乏善本的情況下，要想對術數的源流、理法、及其影響，作全面深入的研究，幾不可能。

有見及此，本叢刊編校小組經多年努力及多方協助，在海內外搜羅了二十世紀六十年代以前漢文為主的術數類善本、珍本、鈔本、孤本、稿本、批校本等數百種，精選出其中最佳版本，分別輯入兩個系列：

一、心一堂術數古籍珍本叢刊

二、心一堂術數古籍整理叢刊

前者以最新數碼（數位）技術清理、修復珍本原本的版面，更正明顯的錯訛，部分善本更以原色彩色精印，務求更勝原本。并以每百多種珍本、一百二十冊為一輯，分輯出版，以饗讀者。

後者延請、稿約有關專家、學者，以善本、珍本等作底本，參以其他版本，古籍進行審定、校勘、注釋，務求打造一最善版本，方便現代人閱讀、理解、研究等之用。

限於編校小組的水平，版本選擇及考證、文字修正、提要內容等方面，恐有疏漏及舛誤之處，懇請方家不吝指正。

心一堂術數古籍 珍本 整理 叢刊編校小組

二零零九年七月序

二零一四年九月第三次修訂

東西
南北部全

邵夫子前定終身神數 東部

東

半羊
開室必高少夫妻

半羊
勤心辛苦不知夫

閒業
然承凱法金中毒

滿真
妻為端香三兩个

空峒

山川不改日月長　人比黄粱夢一場

生辰正月十七日　乾坤到處賀素王

元豆

先業克承賴子宮　壽殀吴愚各不同

兒息縱有三兩个　僅得一人送墳中

明葉

燕來雁去途中逢　秋水長天一色清

八月十六君降休　團團明月海上生

千祥

運行辛丑事不明　大小內外不合情

閑坐守舊世大害　動作就入淤泥坑

礼科

八字生來乳等尋　棄了詩書入公门

先天神數早定就　礼房之中把身存

重復

夾鍾應律仲春時
綠陰深處子規啼
元辰二月初三日
一輪明月照東西

欠工

子宮多寡數定真
看來由命不由人
五鳳三桂人皆望
君只兩个送入坟

系白

白帝司权仲秋至
澄泓万里一色鮮
生在八月十八日
丹桂飄來滿御園

好逸

運交辛卯多有差
蝟務紛紛亂如麻
事休謀為不起意
万般並世一般佳

天禧

四柱暗中陽小藏
荊妻注定有封坊
若是水土傷官命
或可相偕地久長

理一
大運庚寅冬顛倒　是非口舌攪難逃
小人背地竟暗算　錢財不聚大虛耗

寔久
律應太簇妻王隱　靜觀萬物皆自新
正月十九君降生　長空一色迥非尋

王才
有財無子不為良　命中三子最吉祥
數推有一難得濟　臨老僅得落一双

壬貴
桂蕊飄來几枝殘　仲秋佳節明月三
門君元辰是何日　八月十六降臨凡

馬方
此命生來甚堪誇　威風凜凜在公衙
先天神數細推算　身居馬班無錯差

樂天

大運一交己庚辰
是孔口舌共相侵

縱有蕭何歸信計
謀為不成枉費心

封松

楊柳依依正逢春
和風蕩蕩際良辰

算君誕降在正月
二十一日離母身

口流

有子承先万事周
命中四子紹箕裘

老來只得三人濟
定有一个不能留

力沉

南呂司令桂花香
月到仲秋色更光

算君元辰在八月
二十二日降世旁

三奇

同胞弟兄最相關
衆壽短長不一般

弟兄雖有皆亡故
撇你獨自在世間

反徑 命中五子挑雁行 可比燕山竇氏郎
理達 宅有一人離群去 四子承宗亦孔党
大運一交辛巳中 好似行船遇狂风
碭碑 是非口舌重重見 行止不宅坐不寧
靄靄雲霧碧鏡之 惠风吹動百花鮮
神數細推生辰日 原是正月二十三
天奇 太陽西斜日色沉 父親壽短早歸陰
也是你生一不幸 老母屬猴壽祿添
丹桂開罷菊花吐 寒湍月影最清光
太勝 問君生辰是何日 九月初九降世居

埜見

周有八士自古稀
六子排列也最奇

空有一人难聚首
五人承業各自宜

性定

運交庚午事參差
半吞半吐雨中悲

總是招孔生閒氣
心如刀絞亂如麻

飛廉

柳青色嫩滿池塘
雨收山川景自芳

算君誕降在何日
二月初五子見娘

更科

五行四柱孔尋覓
春夏秋冬換衣裳

先天神數細推算
知君現今在吏房

賓客

東籬菊色蕊枝閒
三秋寒氣淅淅來

算君生辰是何日
九月初八離母坯

房土
康壯
殊途
金知
吉卯

金風颼颼过南窓　古菊開花滿園香
九月十八君降世　澄泓万里光輝揚
禽演參合照胆徑　先天八卦分明
兒郎多寡前生定　七子排列孔等程
運交辛未主憂煎　睡卧不安坐不寧
捴然不遭大凶事　也好驚恐破財安
金炉炼成九转丹　蟠桃会上聚羣仙
生辰二月十五日　海屋添筹寿百年
同胞弟兄屬天倫　看來由命不由人
一根却是兩枝葉　數定不是一母親

天綫（後）
小乙
福來
登高
皂方

白露凝寒結成霜
元辰九月二十日
一羣鴻雁过南窓
先天神數早定就
運交庚字不甚吉
小人背地侵害多
乳燕呢喃繞户中
二月十七君降世
此命生来甚堪誇
先天神數細推算

菊花開放滿園香
好似呵汝降之堂
細雨紛〻灑夕陽
命中四子挑成行
申字五年也不宜
十年瑣碎難安息
淡〻楊柳際東東
落地还該頭向東
不讀不耕入公衙
現居皂班毫不差

千一

天香

冰白

綺美

走變

八字生來運不衰　吉星高照透宮星
雖然未列公卿位　依然頂戴在家躬
小陽氣寒將凝冰　艸木零落之地空
生在十月初四日　地氣下降之氣升
由來五桂出燕山　承繼有此世間難
先天神數論子息　君與竇氏郎一般
辛酉運中多抑捏　多遭是非惹唇舌
大小謀為不趁心　好似浮雲蔽明月
鳴鳩拂羽桐始華　舞雩春風喜無涯
三月初五月忌日　君生塵世振家邦

扁舟　金鞍　劉盡　康太　侯子

一时八刻大不同　有富有貴有貧窮
幸居前世陰功好　積戴頂在今生
律局應鐘屬小陽　虹藏不見共履霜
神數算君生辰日　十月初六降世房
子宮原是天定成　命中六子喜相迎
雁行排列不一等　有才有智有愚拙
運交庚戌不為良　日夜焦勞不安康
事務費盡千般力　總是一个空斷腸
天圓地方人居中　四季捱還各不同
元辰三月初六日　宛如似子下九重

畛田
之根地窟性來周　日月代明不停留
三月初九居降去　波潤之空任悠悠

汪崩
之邊鴻雁望南飛　九子算來世皆遠
富貴貧賤各有命　君当此際有光輝

斗標
應鍾初爻屬小陽　寒水凝冰虹潛藏
生辰十月初八日　草木尽脫栢松芳

咸有
庚子運中不吉祥　晝夜焦勞費心腸
必須寄舊莫忘動　庶可保全世大傳

瓜白
五行四柱犯刑傷　太陽失令父先亡
慈母屬雞氏壽大　克勤克儉度时光

疫癘　栢枝　遍鎖　納祥　尸南

盤古初分人有生
四方凡俗各不同

生在三月十三日
化日遲遲英光明

文王百子古今稀
居有十子也甚奇

次第排列分大小
富貴吳愚各不齊

木葉隕墜天地空
虹藏不見冬朔風

生在十月初十日
寒氣侵繞四方同

運行辛亥不甚佳
好似半吞半吐恙

虎豹失時平川地
鯉魚遭困在泥沙

五行四柱仔尋覓
一年四季換衣裳

先天神數細推算
知居宅的户南房

禾口

界乙

圭利

五泉

清融

陰陽五行細推詳
慈母屬猪壽長永
冲犯破（敗）不不當
若不依法忙祭鎮
五行四柱有刑傷
數推卻有双桂命
鬚鬓如霜觔骨衰
雖然有子不得濟
人生氣數從由天
七九之歲加一數

嚴父壽短已先亡
幽閑貞靜一老孀
丟財害病惹禍殃
準備業消人畜亡
必（剋）須（妻）不能生兒郎
必須納妾立偏房
見郎夭三甚可哀
臨老孫孫承重理
壽數短長不一般
風裡灯燈難保全

九合

獅吼

令合

來主

朔西

兄弟無故又倫安
先天神數早定就
妻是上房主女童
只因撞見死亡兒
命犯刑傷不自由
須尅一個再婚配
先天神數定根原
嚴君不幸三故早
人有子息方周全
劝君無永冬憂慮

壽命短長不一般
昆中要有鳴九泉
降落人間甚聰明
半似痴迷半似風
一枕鴛鴦不到頭
方能倡和永無憂
双親難（兩得）周全
屬鼠老毋享天年
奈何你今少見男
數定晚來一子安

震滯　豆可　釗几　元参　界析

承先啟後賴子宮　得來遲晚各不同
五行四柱首管定　晚景二子顯光耀
兄弟原屬同胞親　及茶兼盡是三倫
八卦排列分次第　算來算去只二人
父母具存最可樂　不幸早有見閻羅
神數推算該去父　母親屬狗保太和
父母具存人生樂　保佑堂上不太和
數推震君先降生　慈母屬牛來壽多
壽元長短東之定　人生誰不望遐年
數定不到知命地　五九加四赴九泉

滋原　駱王　九甘　勃起

神數詳推此刻人
命中應該尅父親
慈母屬虎壽未永
嚴父早已離紅塵
鴻雁高飛差池羽
三人排列共可許
兄宜盡友弟宜恭
娓美河東三鳳侶
天地氤氳化生人
算來子息是前因
老蚌生珠氣數定
從使早立也難存
閑來無事作生涯
一心只想住公門
別的班房保不住
住在步班養活家

舞禾
來遊
可菴
張池
髯翁

父母具存有同心，不幸你父先過隕
慈母屬就壽來永，可比南山松柏均
子息多寡命定真，壽夭賢愚不由人
無有几个承宗嗣，看來不是一世歎
人生禀命自天定，壽數短長不一般
八九之數如一歲，天祿永終過九泉
自古相傳四不是，彭祖八百問少來
壽自九九零一歲，壽同梁灝中壯元
誰在蕭湘誰在吳，誰人像貌如畫圖
先天神數細推算，知君是個羅腮鬍

條清
魂失
大魔
志道
寶全

命犯神箭最可傷
若不依法先除解
命犯送魂鎖須鬧
熱睡魘一驚夸哭
這个鬼怪孔尋覓
飢飡骨髓渴飲血
由來三子重英豪
人習万般皆下品
鋪面門擬作何生
後處處來此處責

災青一去怕害瘡
難免半路舍親娘
若还不鬧宅主災
咬牙準備土裡埋
逢頭赤腳面安京
晝藏門角夜卧床
覓把文章教字書
你今讀去最為高
各樣雜貨甚精明
四海文遊是子凡

面青

現今莫問病何如　用神卦休危險多
等閑若得來來辞　方勉一場好悲歌

坏名

此命的的有功名　何故面面去落空
只因沖犯硯台煞　不發折绞不得成

爪灾

血氣常傷不不可当　沖犯身休不安康
常常咳嗽又喘吐　不發不久見閻王

不利

命犯勾绞宜可傷　是非口舌閙嚷嚷
若不依法早禳發　只恐目下動悲傷

高肉

五官百骸還無咎　父母遺休不自由
先天八卦細推算　知君面上有一痣

知味　户北　居東　丘方　豐户

五行四柱財運強，神數推算利奏行。
人家飢餓來投你，應時饋飯最妥當。
八字生來頸苑营茫，每日出入在公堂。
有人完糧須用你，現今該在戶北房。
此命生來尋孔堂嘗，算來該在戶東房。
若有过糧稅契者，听說一聲你先忙。
斷有三班並然房，都是四季換衣裳。
先天神數細推算，知君居住在兵房。
此命生來不孔亮，離卻詩去在公堂。
先天八卦細推算，知君必是在吏房。

邵夫子前定終身神数 南部

南

增冗

八字生來顯貴星　身逢財旺功名成
雖非副揆並恩選　損貲也是一貢生

交情

小陽月令萬寶藏　東西南湖分四方
元辰十月二十日　湛湛白露結爲霜

將終

卯時七刻犯命関　父母已定不周全
妻宮注定必有寿　時真刻定好論談

可依

桃花開放滿園紅　好鳥枝頭應和鳴
算君生辰在二月　二十八日出胞中

查直

酉時七刻性剛强　不幸父母俱喪亡
妻宮應該小幾歲　昆玉行中有刑傷

水旺
五行四柱各局清　財旺生官顯崢嶸
姓字雖無列金榜　身為州同也非輕

歸興
律轉應鐘氣迎寒　木葉盡脫物凋残
數定生辰在十月　二十二日身落凡

白易
運交丁丑不可言　梟神五鬼暗相纏
不是破財生灾疾　便有官詞口舌連

丙申運裡灾星臨　口舌是非常相侵

過別
六畜不安人口病　破財失物難找尋

東夷
乳燕呢喃桐始華　碧桃朶朶映日斜
誕降二月三十日　先天大化景色嘉

日月代嬗有推遷　作訛成易不一般

遠尺

算君元辰在十月　二十四日降臨凡

金剛

財星隱伏四柱含　應該貨植市井間

卜式陶朱為事業　五湖四海發財源

辰時七刻主孤單　不幸父母喪九泉

手遺

妻小三四方保守　子宮水火閏月年

春光布護艷陽天　蕩蕩和氣景色鮮

鳴竹

正月初十君降臨　瑞繞畫堂喜無邊

丙寅一運不堪言　五鬼喪門晝夜纏

无易

常遭口舌惹怨恨　更多悲病身不安

市中
禽演数中早著明　五行四柱辨得清
算居元辰在十月　二十六日母降生

釗定
五行四柱格局清　先天神数早著明
身遊泮水為秀士　高升又是一貢生
戌時七刻命多硬　不幸父母喪了命

持載
妻在子有無弟兄　方是此刻好論定
東風解凍草木萌　春日遲遲景色融

湫藥
先天神数細推算　正月十二辰降生

異平
大運一交至丁卯　諸事瑣碎無一好
夜間常做凶惡夢　白日應酬多顛倒

四次
寒風飄〻屬九天　蕭疎慘淡遍山川
詳推生辰十一月　十四之日落塵凢

巳盡
巳時七刻犯刑冲　一雙父母赴幽冥
妻在子有方合數　不然此命難以評

連月
椿萱生養樂天倫　不幸父母早歸陰
慈母隨人另改嫁　艱辛苦立自成人

名從
桃符萬户盡更新　火樹銀花樂芳辰
正月十六君降骵　昨夜元宵記不真

拗單
運入丙辰灾患多　謀為大小不快活
家中人口多瑣碎　萬事不順奈若何

赤口

黃鐘應律屬仲冬　寒氣凜冽到處同
數定居生十一月　十六降入母房中

喝采

亥時七刻弟兄有　妻子好合不長久
父母一雙都去世　祖上宏基难保守

令低

鴻雁同群最為良　手足全美是吉祥
不料半路有乖戾　同胞之中見殀亡

吹噓

春日遲遲氣化舒　惠風和暢樂有餘
正月三十居降骵　合家慶喜幸何如

丕台

運交丁巳折磨多　破耗攪擾奈若何
不是丢財惹閑氣　便生災疾不快活

將興

八方風氣不一般
生辰數定十一月
暑往寒來有推遷
二十六日降人間

天中

午時七刻弟兄多
一枕鴛鴦同歡娛
二親不能共太和
子宮閏月免離歌

洪爐

太簇應律發東皇
正月十四居降臨
桃符已換轉三陽
月忌之日亦芬芳

天安

八字生來格最奇
謝譽致仕歸田里
官居朝右人難齊
一路福星上天梯

斗矢

丙午運中事業荒
不是人口多疾病
辛勤勞苦日夜忙
便要破財惹禍殃

早立

天地氤氲化育成，水泉動時鶡不鳴。
時值嚴寒十一月，二十八日屆降生。

孔奇

子時七刻最為奇，剋父妨母不刑妻。
同胞須有過門者，方見此數無差移。

降流

八方風氣各不同，時屆仲春日和融。
二月初二屆降骵，好似平川起蟄龍。

連川

父母俱存歡樂歌，今生不幸奈若何。
雙親相繼皆亡故，安閑時少苦勞多。

由言

大運一交丁未中，雨裡殘花風裡灯。
喪門吊客常打絞，是非口舌不安寧。

由損　我叨　呢喃　脱目　分阻

山川草木盡凋殘
算君生在十二月生
未附七刻最难言
兄弟岂有不得力
丙子運中事多差
身休不安常生病
雷声發動仲春和
生辰二月十二日
兄弟無故最吉祥
手足不能共一處

翠柏蒼松耐歲寒
初八之日降臨凡
尅父妨母好傷慘
惟賴妻子整家緣
日夜辛苦乱如蔴
大小事兒少光華
草木森森堪吟哦
门迎祥瑞吉慶多
今有先人过门墻
同胞反戎兩爹娘

勿視

寒梅初綻滿園香　朔風吹送過南窓
推算居生是何日　臘月初十子見娘

塞責

丑時七刻定原因　父母已定早歸陰
一对鴛鴦無刑尅　方見此刻定的真

俛焉

運交丁亥事多凶　喪門吊客常相逢
眼看真是明光路　舉步都入是非坑

鳳花

海上明月缺將圓　樹頭黃鳥鬧聲喧
元限二月十四日　月忌之日降人間

安居

冲犯天哭最難當　一陣昏迷一陣狂
不是執刀傷人命　便遭水火大灾殃

令寔
此命往來非等尋
男兒身貴為官宦

閑原
三冬巖寒霜雪路
神數算居往辰日

擎天
申時七刻日光明
妻賢子貴耀門户

稚快
運交丙戌事難言
是非口舌朝朝有

陡佳
姑洗應律化日長
元辰三月初二日

財官印綬並食神
堂堂誥封一夫人
孤松嶺上显精神
臘月十二離母身
父母已空犯刑冲
不合此數難論詳
扭捏不順多攪纏
還要天天破財源
桃紅柳綠好風光
和氣吹動草木香

淑恭　欠息　欽若　大定　沈咬

五行四柱貴非輕
身居偏房有令名

兒男人間一宮室
裙釵之中顯崢嶸

寒梅開放滿園香
傳來一信透春光

臘月十四月忌日
數定居身降母房

寅時七刻日將升
父母一雙俱尅刑

一枕鴛鴦恩愛好
方定此刻無移更

丁酉運中星以星臨
百般疾病來纏身

事躰不順心神亂
盜賊屢次常相侵

四季輪流春為先
萬卉發生色正鮮

神數算居生辰日
三月初四落塵凡

安居

四柱犯短命關　梟神五鬼常相纏
揔然強活十一二　不用鎮法壽不堅

樂逸

夫婦人道首天倫　妻宮屬蛇是良姻
月老紅繩曾管定　一世和合敬如賓

又格

龍見於野其道窮　少年功名未得成
六旬九歲青雲步　八十一上天祿終

不二

一世清閑認道遙　生來志氣與天高
滿堂金玉人難比　壽享八旬卧荒郊

逆全

人生五福壽為先　老當益壯精神添
遐齡七旬有九歲　芳声播著四海傳

寅瘟

白虎星杀入命來　生下子宮定主灾
若不休法忙鎮祭　個個兒郎土裡埋

吐爪

抽了柱石倒了山　拉的簿羅斗動彈
死了小孩不打緊　還恐他母难保全

不生

命中有子不坐胎　夢裡長見小英孩
幾番英孩來投母　空亡攔門進不來

少爪

命犯殀寿不以長　难闖四八舍親娘
若不依法忙破解　準備慟哭有幾塲

長吐

牛下麒麟馬下多　婦人懷胎必生怪
單等一聲沉雷响　五鬼分尸八下賣

女魔

時逢陽刃並七殺　無心做活懶料家
只因撞見陰靈鬼　打絞心思亂如麻

杏壇

博覽詩書學問精　幽齋穩坐自有朋
朝講夕論誨不倦　人人稱你好先生

足食

食美遠招千里客　美香廣聚四方財
入居鋪飢渴交迫　出居鋪鼓腹舒懷

禹惡

洞濱問酒何處好　李白回言此處高
過客聞香須下馬　行人知味且停跤

血突

冲犯血勞氣不和　撐脹只在兩脇窩
此煞若還不早破　不久定要見閻羅

老飛

飛廉入宅主不祥　丟財惹氣大遭殃
若不依法忙鎮送　六畜不安犯重喪

化育

冲犯五鬼來化胎　夢裡長見小英孩
英孩幾次來投母　五鬼立化甚可哀

死妄

五鬼入命非吉祥　定主大病現臥床
混混沌沌常似夢　服藥無功須除殃

天危

此運冲犯破敗星　丟財惹氣不安寧
若要依法忙鎮祭　庶免目下動悲聲

穴突

此命注來情性剛　懸注閉氣尋無常
若不依法早破解　準備投井一命亡

少殤

此命刑冲孩壽煞　身上被定黃金甲
縱然躲過歲流年　難闖十七與十八
美人星杀入命宮　夜夢交合空失精
若不依法忙除送　準備虛勞一命傾

佳會

此命生來遇吉星　衣服食祿有餘榮
妻宮喜配巳酉丑　安享榮花樂無窮

稱車

寒窗攻苦數十載　泮水池中任往來
雖然未得魁名中　已是黌門一秀才

文成

人生壽命不一般　有長有短各在先
雖然大限猶未到　現今已是短命關

短流

飲酒

東風吹送一枝梅 鴛鴦匹配在羅幃
妻宮屬狗庚戌相 釵鐶命金壽齊眉

小國

子時二刻最為良 兄弟三人不成双
友恭各盡家和順 昆玉行中自生香
春光明媚花正開 鸞鳳相交會蘭台

一女

妻生屬猪年辛亥 釵鐶全命百福來
丑時二刻雁南飛 兄弟七人列庭幃

偏邦

富貴貧賤各有命 君降此際甚光輝

邵夫子前定終身神数 西部

西

雍容

上契修己正遇辰　九宫八卦細推尋
詳叩君家何日降　三月初十母生身

效孟

大運甲寅不可當　家中環碎多灾殃
不是賊人來偷盜　就要生病害長瘡

元豆

先業克承賴子宫　殀寿賢愚各不同
兒郎縱有三兩個　僅得一人送君終

明德

四季輪流近上元　寒來暑往有推遷
問君誕降是何日　十二月中在十三

數行

運至壬午不甚寧　百般事務难趣情
蛟龍困在陂池内　虎豹陷入網羅中

留伶

桃花開放滿園紅　和氣洋洋四野同
元辰三月十二日　池塘柳絮飄長空

反側

乙卯運中不吉祥　猶如虎豹在平陽
周圍象犬俱相咬　舉步無處去躲藏

欠工

子宮多寡先天定　看來由命不由人
五桂三鳳人皆望　君只兩個送入坎

併建

朔風凜凜透骵寒　摯鳥休巢飛上懸
算君生在十一月　二十五日落塵凡

壼範

壬子運中不吉祥　交關多有是非場
辛勤勞苦無一美　可幸還無大災殃

腕鈌
四柱生來有殘破　五行定就無差錯
若問殘破何處生　神數算來在肐脖

玉宛
一歲之基在三春　惠風和暢最可人
三月初六君降牀　好鳥枝頭鳴好音

劉芥
運交乙丑事多迷　百樣謀畫百不齊
羝羊觸藩难退進　三寸魚兒困沙泥

時莫
神數先天定的真　椿萱享寿有淺深
父親屬牛春長在　魁去母親先歸陰

氷立
先天神數細參合　不幸父早見閆羅
隨母嫁主作繼父　爹娘后成一翁婆

中冲

沽洗司律號令辰　狂士乘風浴水濱
元辰三月初八日　和氣洋洋際光陰

弗停

大運行來到甲申　百般事躰不遂心
日夜焦勞生疾病　過此十年喜來臨

獨承

先天八卦細推尋　看來由命不由人
母親先亡歸陰路　撇下屬鼠老父親

方面

暑去寒來有推遷　四時輪轉不一般
君身生在十一月　二十七日降人間

了然

梅花飄香氣味新　萬里長空布彩雲

八卦先天細推算　臘月初七居降身

難永

大運行來到甲辰　行止坐臥有臬神

十年之中多攪擾　大小謀為不遂心

布政

日暖紅鮮遊小沼　氣和百鶴舞長空

元辰二月十六日　祥光充塞滿門中

父母之恩重如山　須學古人孝當先

一則

父親屬虎春長在　慈母早已歸九泉

蕆

大運行來至癸丑　吉祥之兆並無有

樂天知命免災殃　此運十年須謹守

債見

寒梅開放滿園香　北風吹送過南窗
試問君家何日降　臘月初九子見娘

殺朝

大運行來到乙巳　作為件〻不如意
不是生瘡疾病多　便遭口舌惹閑氣

姓坤

日月往來天地長　人生好似夢黃粱
問君延降是何日　二月十八子見娘

宜懷

壽年長短總由天　双親不能保周全
母親先去歸陰路　嚴父屬兔壽延年

立刀

甲午運中不甚強　大小内外多災殃
六畜不安人口病　生些災患無大傷

四馬

黄鐘司令氣嚴寒　觱發栗烈澈地天
定局生在十一月　算來算去是十二

永言

亘古百川向東流　父母生身是根由
嚴父屬龍依然在　尅去母龍壽不周

音抉

夾鐘應律野馬駘　四野空中柳絮飄
元辰二月初四日　神數定就不差毫

分殊

大運行來至壬寅　百般謀慮難遂心
甘朴守拙莫妄動　此運一過喜相臨

則華

乙未運中最憂心　且莫怨天莫尤人
交此十年多瑣碎　過去此運喜相臨

言牙

寒氣逼人在仲冬　嚴霜在葉比花紅

算居元辰十一月　正當十五降母宮

覆念

五行禀命父母宮　南山松栢永青〻

父親屬蛇春常在　慈母先去赴幽冥

酉酒

北辰穩坐在中天　二十八宿四面環

詳推居生是何日　二月初六落塵凡

奇殘

五官四骸居皆全　何故數推有破殘

先天神數細推算　魁奇只在耳后泉

有那

甲子運中不太和　喜事常少憂事多

大小内外無一差　逢此十年受折磨

何其

乾坤蓋世遠迢迢　王母衆仙會蟠桃
算居生辰在十月　二十三日降母胞

先失

堂上双親寿不齊　青松翠栢兩相宜
父親騎馬顏貌壯　赴去母親淚悲啼

返迪

大運一交癸卯中　百般謀慮不遂情
夜間思想千條計　白晝都成一場空

珍美

三陽開泰和風至　柳陰深處子規啼
生辰正月十八日　習習和風迎面吹

仰觀

運行乙亥事不强　門内人丁有定缺
男兒在外多敗壞　還恐門内人口傷

孤名
青松翠栢幾時休　堂上雙親福不周
父是屬羊在塵世　母親先去卧土邱

朗甦
無極太極生兩儀　先天八卦分偶奇
生辰十月二十五　神數推來無差移

通利
惠風和暢天地清　節候不與四時同
遠山暮藹近甸服　生在正月二十中

遠脩
萬物發榮景色佳　東風苒苒吹枝斜
算君元辰在正月　二十二日無差錯

壯麗
交運甲戌日夜忙　忙來忙去費心腸
疾病纏身不了利　口舌是非难躲藏

子立
人生難保百年安　堂上雙親福不全
父是屬猴光陰好　母親先去歸西天

何其
男女居室是天倫　陰陽配合不由人
命中注定妻屬虎　魚水和諧百事休

安命
大運行來至壬辰　半憂半喜度光陰
心焦謀亂不寧靜　大小事煩乱紛紛

祇敬
太簇應律月建寅　草木發祥氣色新
生辰正月二十四　禽鳥枝頭送好音

統一
乙酉運中不可言　梟神五鬼常相纏
大小事情難遂意　身中染病不安然

朗甄

不孝有三無後大　遲早多寡各不同
養下早子不能保　晚景双桂承嗣宗

單數

五行四柱細安排　親壽短長命所該
父是屬猪多年壽　母親先去赴幽台
履霜時將堅冰凝　萬物收藏各告成

桂村

細推元辰在十月　二十一日你降生
神數先推父母宮　壽數短長各不同

耆一

父是屬雞春常在　母親先歸陰府中
序至小陽初迎寒　草木零霜色無顏

失照

生辰十月十九日　好似蛟龍不九天

倢耇

五行稟命在先天　堂上双親抱孤单
屬狗父親該有寿　母親早已歸西天

山葉

梅香飄二氣色新　湖風透骨嚴寒侵
元辰本是十二月　十一之日離母身

晚杀

埋見杀向命中生　子息初年定不成
若肯依法先禳解　老來可保一子宮

鋅直

大運行來到癸巳　多招口舌惹閑氣
雖然不大有損傷　總是難得事如意

朗欽

青松翠栢耐春秋　算定妻宮是屬猴
也是月老曾管定　夫倡婦隨咏河洲

咸洽

運行交至壬戌間　閑是閑非莫近前
有吉有凶有憂喜　糊糊塗塗這十年

弱骵

神數算君多疾病　夜夢吹會常失精
頭暈眼黑時喘吐　不逐狐美藥無切

有猷

壬申大運火安寧　神數確然可依從
甘朴守拙免遭禍　強為定入荊棘中

同歸

運行癸未主平平　百樣謀為不趁情
眼看俱是明光路　翻身却入淤泥中

數定君妻犯刑傷　小配遲娶免尅妨

畦凉

早娶一個死一個　早娶兩個死一双

熳影

癸酉運中不甚强　百端事緒多遭殃
一事未了又一事　一塲不完又一塲

奸細

命犯暗害實可傷　親戚朋友少賢良
若不毒手鎮壓他　禍端百出非尋常

申禎

運交癸亥事多差　事業紛紛乱如蔴
日夜費盡千辛苦　百般無有一般嘉

仙會

神數先天細推詳　人生最喜聲名揚
二十二歲吉星照　此時身拜明倫堂

文成

八字生來吉星照　泮水池中急早到
先天神數定的真　二十三歲大榮耀

擘雲
連理枝頭並帶花　妻室重〻福祿加
娶末妾小屬蛇相　防備舌根禍生芽
一根
燕語鶯啼趣意情　鴛鴦交頸應和鳴
配妻屬猴庚申相　石榴木命福祿榮
風雨
此命的〻有功名　何故數推只是空
只因撞見陰靈鬼　看是成來却不成
辰時二刻最顯榮　花柳逢春遇清風
之君
弟兄六人天恩重　巧拙剛柔分富窮
並頭蓮花滿池生　一對鴛鴦向水鳴
令中
妻宮屬雞辛酉相　石榴木命大興隆

邵夫子前定終身神數 北部

北

干住　晉官　觀止　列鼎

桃紅柳綠景色鮮　上巳修禊自古傳
生辰三月十三日　鳴鳩拂涼燕呢喃
天有四時人有運　一交戊子不堪問
是非口舌常相加　百般事情要謹慎
乙丑運中任卷舒　不負寒窓苦居諸
泮池初步芹宮樂　明倫堂上稱秀儒
乾坤包含月光天　雪裡尋梅耐歲寒
生辰臈月十五日　朔風霜降滿欄杆

元

深消

碧桃綻蘂滿園紅　四塞調和鼓惠風

會演合推八卦數　三月十五君降生

天反

運交己丑不堪言　疾病口舌常相連

家中事情多瑣碎　男子外邊也不安

是前

運至甲寅事業成　奎星高照主亨通

昔年受盡寒窓苦　此際遊泮入芹宮

王兌

朔風凜凜遇仲冬　雪裡送梅年又豐

元辰止當十一月　二十九日降母宮

扐㯿

四樣不足古今傳　彭祖八百問少年

春至六九又六歲　枝（杖）鄉之數喪九泉

共魚

先天神數它吉詳　不幸父親喪黃梁

慈母孀居矢貞志　永保天祿度時光

欽鋭

南極注定在命宮　北斗落花壽元終

生辰四月十九日　乘船海上遇順風

共駿

運交乙卯氣象新　龍飛鳳舞好光陰

泮池有路終身須到　已兆從龍這十春

受山

戊寅運裡不吉詳　費心勞力空斷腸

閑門祿眼鑽禍事　還恐人丁有損傷

石尧

萬里乾坤赤色光　喜得秋收又冬藏

生辰十月二十七　威風凛凛四野揚

了十

怪哉怪哉真怪哉　五行四柱巧安排

人家拾物物財帛　偏你拾個小英孩

祿刑

四埜清和萬里晴　南山當户最分明

算定元辰在四月　二十一日你降生

英卒

甲辰大運有光耀　遊泮採芹無背違

黌宮列名稱秀士　志氣昂く得意回

自安

運交巳卯災害生　十有作為九不成

濕神五鬼常繞亂　合家大小不安寧

奚白

冬景風來八面吹　雪裡梅花有光耀

生辰正當十一月　十七之日無背違

居軫

大運行未到戊辰　出入內外遇凶神
小心安排無大禍　總是顛倒亂〻〻

來賓

甲申運中大吉昌　百事隨心姓字揚
泮水初遊稱秀士　不負功苦在寒窓

常有

滿樹梨花待雨開　東風吹動一枝梅
先天神數里早定就　三月十七離母懷

朔市

朔風凜〻透體寒　虹藏不見十月天
算君生在二十九　日主榮花月主安

天清
大運一交至巳巳　多遭是非惹閑氣
不是破財就生病　百般事見不如意

其向
乙未運中奎壁臨　交閃動作顯功〔精〕神
芹宮有綠身遊泮　不負寒窗功苦深

吳邑
桃花開放杏花香　楊柳枝上盼夕陽
生辰三月十九日　牡丹花開子見娘

玉石
五行四柱格局清　宮星印綬著分明
先天神數早注定　身帶自然有功名

于越
五行四柱注分明　神數推求無錯更
元辰本是十一月　正當初一你降生

隱見　不二　千色　起向　地寧

鶺鴒不鳴虎始交　神數推算無差毫
元辰本是十一月　初三離却母懷胞
運交乙巳好風光　喜氣迎门福祿康
福至心靈多順利　泮池得意声名揚
老之英雄兒好漢　強將手裡無弱兵
父子箕裘接統緒　衣冠不改舊家風
上苑葵花新發榮　麥秋至兮王瓜生
四月初七君降體　玉景堂前顯光明
戊午運行奈若何　吉祥偏少凶患多
扭扭挂挂不收遣　十年無日得快活

金聲

運行申午事如何　喜氣洋洋吉慶多
身列黌宮称秀士　明倫堂上任婆娑

獸金

鳳立高崗鳴好音　乾坤交泰屬天倫
配定妻宮屬龍相　魚水和合是良姻

緩舒

棠棣花開似金黄　喜鵲枝上爭梅香
生辰四月初九日　一輪明月照沙窗

天軍

日出東山月生西　堂上雙親壽不齊
嚴父先歸陰曹府　老母屬龍志不移

充昧

子宮多寡有奇魁　神數算來無差毫
命裏只該一個子　操心掛意枉徒勞

仇行

隆冬凜烈雪花飛　青松寒梅兩相依

元辰生在十一月　十九之日是生期

遇際

運行一交至巳未　終朝每日惹闲氣

家中人口不安寧　大小事見难趣意

八章

甲戌大運有發興　此時福堂上標姓（至又心靈）

泮池得意精神爽　明倫堂上標姓名

午助

鹿角方解蜩始鳴　反古無声半夏生

元辰五月初一日　时近端陽佳節行

高馥　柔頤　喆　野原

肯堂肯構賴子宮　奈何有子过门庭
只因兄弟乏子息　分取兒郎嗣他宗
夫婦五倫非等輕　下関後嗣上関宗
數推妻宮是何相　注定属猪亥年生
大運行交乙酉中　怀抱珠璣顯興隆
雷声振動千里曉　身入泮池步芹宫
问君几时落塵凡　五月初三不虛傳
时逢端陽臨近日　艾虎靈符门上懸

彼義
難并
地側
不二
同月

一輪明月出雲端
生辰五月初五日
運行甲子顯崢嶸
身入芹宮遊泮水
大運一交至戊申
不但事情不趁意
命犯傷刑最可憐
不幸父親歸陰府
子息宮中先天定
自幼至老風光好

松柏青青傍遠山
端陽令節降人間
事情順利有發興
明倫堂上標姓名
出入動遇喪門神
家中還怕損傷人
雙親堂上不周全
老母屬羊壽延年
命該二子承嗣宗
宗享榮華永吉貞

秋容

月令難賓號天中　榴花開放照眼紅
生辰五月初七日　晚景榮花福祿隆

二酉

已亥運中事非常　盈门有爛喜洋々
昔年攻苦天不負　身入泮水姓名揚

攸當

已酉運中事業忙　紛々蝟集乱心腸
百般疾病纏身體　家中人口不安康

難角

看病下藥還教你　提筆寫方不讓人
明是當年醫国手　而今成了濟世心

丑初

松柏青々歲月深　梅花開放雪花浸
生辰臘月初一日　試看綠竹又生際

垂螮

寒風颻颻雪花飄　冬嶺孤松秀不離
算君元辰十二月　二十一日離母胞

通司

運行已亥多生灾　吉星退去凶星來
人丁不利財耗散　惹生閑氣不和諧

不則

五行四柱犯辰孤　伯叔膝下子皆無
無奈一身承三嗣　挺之人間一丈夫

挺奇

鸞鳳結交非偶然　陰陽相配在先天
識問妻宮是何相　原來屬兔生卯年

妻定

日月往來不停留　搏瞬已過數十秋
六十一歲大限至　七九却還少二週

念者

朔風凜凜秀九天　松栢青青耐歲寒
生辰本是十二月　十九之日降臨凡

俱諧

戊戌運中合有傷　大小事情不順當
男子外邊多口舌　人口家中不安康

不則

神數不比麻衣相　五行四柱把你諒
此時此刻定的真　配夫必然是石匠

有道

八字不幸喪雙親　零丁孤苦長成人
中年喪妻老喪子　送終拜孝惟賴孫

危疑

燕小雀微不如鴻　寒風吹綻梅花榮
臘月十七君降體　堂前慕景大崢嶸

式合

五行四柱犯孤单　無依無靠立塵凡
伯叔膝下乏子息　一身權把兩门全

連三

先天神數定命宫　你與傍人不相同
父親亡後生世界　從未沒見父形容

平理

五行四柱論分明　父親貴顯太非輕
天然造化神數定　元妙至理洩真情

天來

人倫兄弟大有闲　骨肉相親非等絃
同胞不幸难存首　先有歸陰離塵凡

效印

五行四柱早安排　身旺無依最可哀
破祖離家釋任教　念誦佛經坐香台

法僊

天地生人性本良　抛家離祖却無傷
身居道教奉老祖　庵觀寺院有餘香

大錄

人生世上各不同　有富有貴有貧窮
三乎堂前承基業　開疆興家顯淨嶸

成實

女命生來頗有家　人倫自古毫無差
離却父母居禪院　身為尼僧也光華

力太

四柱細推最可疑　衣祿自來亦甚奇
妻宮月下会朋友　玷辱先人不自知

武大

理數兩事本相通　仔細推玩甚可拴
不是優人並樂户　必當吹手度生平

亭太

四柱生未最可嘉　執掌刀筆在公衙
現身月夜辨疾事　嗣後運至顯榮花

演叟

子宮休在眼前看　遲早寡多不一般
縱然你有五七個　臨終只得留二三

美木

演參神數細推詳　算偕琴瑟地屬羊（定妻宮是）
鴛鴦匹配如魚水　永偕琴瑟地天長

日鈌

父母恩愛重如山　不料先有歸西天
父親辭凡登仙路　慈母屬蛇亭高年

戌瘟

汝子早見向不成　只因妻將天狗冲
若不依法忙鎮祭　個個見郎赴幽冥

潛恙

赤身鬼藏在人衣　得的病兒甚蹺奇
说你無病却有病　说你有病人不知

阻撓

命犯撥乱最傷情　撥乱事緒不得成
是非口舌朝朝有　背地不住加调诞

暴欺

運逢惡煞與凶神　流年必定有灾寃
丟財惹氣遭官事　明谋暗算禍患侵

自縊

此命生来犯懸梁　總生閑氣尋無常
心忙意乱忙解送　不定時刻繩上亡

歲君

大風飄來一枝丹
飄來飄去几時休
要得堂前立下子
除非大歲轉回頭

矢傷

沖犯暗箭不可當
丢財惹氣太遭殃
若不依法早鎮祭
準備禍起動悲傷

崖傾

此命生來性情剛
總生閑氣尋無常
若不依法忙祭送
準備投崖一命亡

幼超

八字生來福星臨
衣服食祿勝別人
妻宮喜配寅午戌
二子三花送入坟

火軍

算君流年運北向
盈门有煽喜氣多
不是添財定進口
謹防笑裡動悲歌

府由

鴛鴦戲水在清潭　双〻合（和）永和團圓

妻是戊子屬鼠相　霹靂火命福祿全

府内

一对鴛鴦戲水濱　蘆花深處結成緍

配妻屬馬庚午相　路傍土命福祿深

相由

弟兄情誼最相親　豈知相親成仇人

若不禳奈五鬼煞　家敗人亡大禍侵

有一

五行四柱論姻緣　妻生屬牛己丑年

推算命是霹靂火　相偕伉儷永平安

十七

紅桃白李總是春　鴛鴦戲水在江濱

妻是屬羊辛未相　路傍土命百年欣

昔失

先天神數定分明　早知你有一大驚
凶星臨门天降禍　提起冷渾怀抱冰

夕卜

數定你命有外財　得來外財始發財
先天八卦細推算　算你甜從若處來

金失

五行四柱透財星　问君何事作營生
先天神數細推算　發賣鉄貨是正経

他之

滿腹経綸才智高　是非閑心惹禍招
自古出頭條先爛　留落他鄉暫逍遥

蒼光

不用憂來不用愁　目下就要得便休
三個兒子承家業　年〻更上一層樓

曾光

祖在朝中為大官　父亦顯貴非等凡
算君不是紅塵侶　文成武就列朝班

興助

五行四柱字原因　妻是勤儉治家人
命中帶來福滿屋　居家掌受非等尋

土生

五行四柱財原多　應該遠出謀太和
數字你是賣鐵貨　鐵籠鐵吊並鐵鍋

邵夫子前定終身神数 春部

春夏秋冬部全

春

汪月

火年有志望芹宮　争奈文星未助功
三十二歲遊泮水　他年罡至更興隆

莵卯

姻緣前定不可移　命犯刑傷主別離
兎去妻宮屬蛇相　再娶屬兎不須疑

仔肩

此命生來肩力強　担〻挑〻过時光
雖然是個小買賣　也走城市也遊鄉

莵辰

夫妻好合兩情濃　誰料中途犯刑冲
兎去屬蛇重婚配　神數早定是屬龍

汪刘

文志進步向儒门　早年運阻未遂心
幸喜流年二十一　文星照臨得採芹

尅巳

一對鴛鴦戲水濱　誰知半路兩離分

尅去妻宮屬蛇相　再娶還是屬蛇人

黃鳥

弓馬嫻熟已多年　撥乱當職名未全

行年四十吉星照　逢凶化吉喜光前

汪足

文星暗助喜無涯　泮池得意桂生芽

流年行至三十歲　衣頂榮身顯光華

數定姻緣非偶然　刑冲破敗最可憐

尅午

尅去屬蛇婚配　早知屬馬是良緣

二十八歲氣運高　塵埃頓起第英豪

一

月張

此時得遂平生志　芹宮以内任逍遙

月愛

吉星高照喜氣臨　改門換戶非等尋
運行流年二十九　得意榮歸唱捷升

起未

命中注定好鴛鴦　半路刑沖最可傷
屬蛇妻宮先尅去　再娶必定是屬羊

靡依

四十一歲命運通　張弓挾矢逞英能
枯木逢春花自發　明倫堂上拜師翁
天配姻緣不自由　月居坎樂離居憂

起申

尅去佳人屬蛇相　再娶妻宮定屬猴
二十七歲喜氣臨　泮池得意出入羣

月興

好似潛龍初得水　搖頭擺尾上天津

剋酉

喜得相逢怕別離　奈何命定主尅妻
尅（去）妻宮屬屬蛇相　再娶必定是屬雞

月申

文星暗助喜无涯　好似錦上又添花
幸遇流年二十五　芹宮得意桂生芽
夫妻好奇（合）百事有　誰知好合不長久

剋戌

尅去屬蛇再重婚　神數早知是屬狗
二十六歲命運強　其年定主喜洋洋

二月神

朱筆一点名成就　泮水池中樂永康

月澤　起亥　反治　起子　月汪

二十四歲運興隆　數定此時入泮宮
兩岸曉窓柳色綠　一園春光杏花紅
鴛鴦和好羽疊舒　泮路損傷情意鬱
屬蛇佳人先起去　再娶必定是屬猪
撥乱凶煞入命來　破祖離家不娶財
若請明師忙祭送　名利通達上天台
喜得相逢恨別離　奈何注定命刑妻
起去佳人屬鼠相　還娶屬鼠再無疑
泮池幾時樂天真　二十三上正逢春
大運五行生瑞氣　紅鸞六合一番新

尅丑

前定姻緣莫強求　命中尅妻不自由
尅去屬鼠重婚配　數內早知是屬牛

志專

精神越老越堪誇　好似枯楊又生華
流年行至四十二　張弓挾矢振邦家

月月

常言福至多心靈　二十二歲喜氣生
盈門有喜光門戶　泮池得意振家聲

三

尅寅

鴛鴦和好最為奇　半路刑傷亦可悽
屬鼠妻宮尅去早　再娶屬虎定無疑

月刘

行年二十一歲零　泮池得意光門庭
良玉不雕為世寶　靈草無根自天生

月足

行年二十正逢春　盈門有爛喜氣臨

幸得此時遊泮水　光耀門户萬人欽

鴛鴦戲水不分離　半路有傷最可悽

趾卯

趾去屬鼠重婚配　心是屬兔無羞差移

辰後

此子好似領頭羊　兩〻三〻在後藏

豬被虎犬搶奪去　個〻不能得以長

前定姻緣在命宮　算來半路主刑冲

趾辰

妻宮屬鼠早離去　再娶必定是屬龍

足愛

芭蕉葉下麒麟至　珍珠簾內鳳凰來

一十九歲多吉慶　泮池得意自和諧

甦巳
仙仄
足張
甦年
足興
四

鴛鴦和好妻雙飛　不料拆散守孤幃
尅去佳人屬鼠相　再娶必是屬蛇妻
上帝玉女降臨凡　世人不識当了文嬛
成婚東廚焚罪謀　發夫旺子興家綜
少年得志最稀奇　君當十八入泮池
盈門有瀾多吉慶　文星暗助自可期
命定姻緣不可假　妻宮尅去泪洒〻
先尅妻宮屬鼠人　再娶妻宮必屬馬
行年十七遇文星　春風和氣耀耀門庭
四海光華生宇宙　泮池得意望蟾宮

足神

文星暗助喜盈〻　少年得志大有成
問君幾時遊泮水　一十六歲定崢嶸

魁未

桃花梛絮亂飛揚　神數算來妻有傷
魁去屬鼠婦人命　再娶必然是屬羊

軍乖

認你百般機竅大　運不做主奈若何
到也會砍大樹木　爭奈燒了夾底鍋

魁申

夫妻好合喜悠〻　誰知好合不到頭
魁去妻宮屬鼠相　再娶必定是屬猴

足中

行年十七最可嘉　泮池得意自光華
貴人提携相着力　文星暗〻喜无涯

剋酉

歡欣聚會恨別離　無奈刑傷守孤恓
剋去妻宮屬鼠相　再娶婦人定屬雞

足澤

一十四歲命運通　暗裏又遇文昌星
泮水池中多得意　光宗光祖光門庭
夫倡婦隨並肩走　倡隨豈料不長久

剋戌

剋去妻宮屬鼠人　再娶必定是屬狗
行年十三喜氣臨　火年榮花福自臻

五

足汪

蛟龍泮水初得意　不精神處也精神

足刘
行年十一樂陶〻　身入黌宮志氣豪
結子桃花紅灼〻　桂花香散滿園飄

廷亥
八字刑冲犯孤恓　夫妻和好壽不齊
尅去婦人屬鼠命　繼娶定是屬猪妻

瓜續
休說頭妻不是妻　冲犯神煞是根基
若不依法忙鎮祭　準偕二妻還主離

廷子
如鼓琴分如鼓琴　鼓瑟鼓琴偶離分
尅去婦人屬牛命　又娶妻宮屬鼠人

汪汪
三十三歲正逢春　泮池初入喜欣〻
門墻更換家業盛　文意重整畫堂新

六

尅丑　長青　汪澤　尅卯　汪中

數定尅妻不自由　姻緣造就莫強求
尅去妻宮屬牛相　再娶婦人還屬牛
八字生來心性靈　不與拙笨人相同
先天神數早定就　竹匠之中是才能
三十四歲命運通　其年定主喜盈〻
泮水得意文星助　家門康太福祿迎
姻緣前配是良緣　壽數長短不一般
屬牛妻宮先尅去　再娶屬兔兩相歡
運交三十五歲裏　家門康大喜氣生
泮池得意光門閭　衣頂榮身振家聲

汪神
魁辰
汪張
魁巳
待經

花正開時月正圓　三十六歲喜氣添
一足踏到泮池上　好似久田又逢年
好花開放遇嚴霜　雷响一聲振鴛鴦
屬牛婦人先尅去　又娶屬龍配成雙
三十八歲命運通　不與尋常一樣同
文星暗助多吉慶　泮池得意大興隆
一聲雷响震鴛鴦　振得鴛鴦兩分張
尅去婦人屬牛相　又娶屬蛇配成雙
此命生來福祿全　則是透露發家緣
若問現今作何事　弓箭鋪中把身安

七

汪興　翹寅　翹午　補助　汪愛

三十七歲主榮花　泮池初遊桂生芽
陰隲原深暗有助　吉星高照喜无涯
数定姻緣非偶然　刑冲破敗可傷慘
尅去婦人屬牛相　又娶屬虎為續絃
歡欣娶會若別離　拆散鴛鴦泪悲啼
尅去屬牛娶屬馬　展放愁眉笑嘻〻
此命早該發高科　助文為惡有委錯
傷壞文星須禳祭　逢卯遇酉振山河
三十九歲喜氣臨　泮池初入喜欣〻
暗中自有文星助　衣冠楚〻列黌門

澤足　兌未　兌申　澤刘　兌酉

行年四十福祿增　泮池得意喜盈〻
好似早梅含瑞雪　又如枯木遇春風
命中注定有刑傷　結髮夫妻不久長
屬牛婦人早尅去　再娶必定是屬羊
前定姻緣不自由　鴛鴦拆散妻難留
若是尅去屬牛相　再娶必定是屬猴
文星入命喜氣昌　家門康大多吉祥
行年四十零一氣歲　泮池得意好風光
喜得相逢恨別離　鴛鴦拆散泪悲啼
尅去佳人屬牛相　再娶必定是屬雞

澤月

四十二歲發禎祥　門繞瑞氣喜洋洋
泮池得意多吉慶　姓名標列明倫堂

起戌

夫妻喜吃合歡酒　誰料合歡不長久
先天神數定的真　尅去屬牛要屬狗

餘慶

先天神數定命真　常存一片慈悲心
行善獲福陰隲大　公道無私最可人

八

起亥

洞房花燭喜欣欣　不料夫妻兩離公
尅去婦人屬牛相　再娶妻宮屬豬人

澤汪

運行流年四十三　家門康太喜氣添
自有文星暗相助　得步蟾宮拜聖賢

澤澤

四十四歲喜氣臨　得遂採芹一点心
明倫常上標姓字　不虧寒窓若功勤

兌酉

前定姻緣不可移　鴛鴦拆散泪淒〻
先天神數早定就　尅去屬馬娶屬雞

不火

這几年來運不高　日夜奔波受若勞
得錢好似三月雨　化費猶如五更潮

澤中

運至流年四十五　大亨貞吉無滯阻
文星暗助吉慶多　泮池得意光宗祖

兌子

命定姻緣非偶然　刑冲尅制最傷慘
尅去屬馬婦人命　复再娶屬鼠是良緣

九

澤神　尅丑　含若　尅寅　澤興

火年有志望芹宮　爭奈文星不助功
四十六歲方入泮　明倫堂上標姓名
命犯刑傷最可憂　夫妻好合不到頭
尅去妻宮屬馬相　再娶妻宮必屬牛
一片虔心未得言　死後作鬼也是冤
若不化符焚香諜　時來打攪家不安
命犯孤辰結姻緣　鴛鴦成雙福不全
屬馬妻宮先尅去　再娶屬虎早定前
志來進步在儒门　早年運蹇未遂心
辛逢流年四十七　文星暗助得採芹

澤張

運至流年四十八　好似乾河長水潑
明倫堂上拜師尊　衣頂榮身大快樂

兌卯

夫妻好合最堪欣　神數定得真又真
尅去妻宮屬馬相　再娶妻宮屬鬼人

中足

行年五十吉慶加　好似枯楊又生華
名列儒學稱秀士　泮水初游喜無涯

兌辰

命定姻緣犯刑冲　臨陣失馬大有凶
屬馬妻宮先尅去　再娶必定是屬龍

澤愛

運至流年四十九　好似壺水變成酒
泮池得意吉慶多　明倫堂上姓字有

兟己
辛先
兟午
榮遇
十 兟未

孤辰星赤八命中　拆散鴛鴦主大凶
剋去婦人屬馬相　結娶屬蛇在房中
去年災害已里根　矇裡矇瞳到如今
只因五鬼來入命　急速祭送免歸陰
八至生來犯孤辰　洞房花燭元次新
剋去妻宮屬馬相　繼娶還是屬馬人
五行四柱福祿全　破祖離家拜神前
爵位高陞掌府印　赫赫人間一道官
命中注定好鴛鴦　無奈刑冲見剋傷
屬馬妻宮離去早　再娶必定是屬羊

世间三百六十行　行行有個狀元郎

吹雲

先天神數細推算　知君買賣在烟房

建瓜

飛廉何自入宅來　屈傷爾夫好典才
若不依法早鎮禜　屢傷人口屢破財

才難

勞落奔波走西東　背負擔挑若經營
彼處發來此處賣　穿街過市財利增

權橫

人生八字本先天　大小謀為不一般
倘人買地你作主　八平地價理当然

既済

人皆市井去經營　君獨買賣在河中
造就一盤龍研磨　四海交遊晏子風

卞

亟先
姤始
開閉
首末
連收

今歲流氣運不高　許多小人把你操
只因宅神多不喜　凖備宮前走一遭
春日夏夜有短長　數定元辰無爭張
馬年臘月君降體　不是屬馬却屬屬兰
懞懂懞懂實懞懂　閏月大小有錯綜
生在龍年臘月內　却是屬蛇不屬龍
五行四柱未美全　算來如今不勝先
子息宮中行旺運　還有榮花在右邊
誰將飛廉帶入宅　屈傷兩丽子好英才
若不依法忙鎮祭　還要傷人破大財

邵夫子前定終身神數

夏部

夏

尅子

前定姻緣漫沉吟　先天注定尅妻身

屬龍妻宮尅去早　再配必定屬鼠人

仲杀

八字生來喜盈盈　陰陽會合花育成

要知次子是何相　必然屬鼠在子宮

子也

寒桃結果在晚冬　揔有早子不能成

四十二歲方立子　家門康大喜氣生

尅丑

命該尅妻不自由　姻緣前定莫強求

屬龍妻宮先尅去　再娶必定是屬牛

中刻

文星入命喜无涯　泮水得遊氣運嘉

運至流年五十一　好似枯楊又生華

克寅午

一聲雷响驚鴛鴦　雨下分飛有損傷
妻宮屬虎早尅去　定娶屬馬再配雙
人生有子最為良　繩繩振振喜洋洋

次句

先天神數早定就　次子屬牛奉高堂
月老紅絲配姻緣　鴛鴦錯定福不全

克辰寅

尅去妻宮屬龍相　再娶屬虎方可安

一中月

泮水有志已多年　誰知宜若登天然
遍至行年五十二　覌橋纔能得意還

趨鄉

姻緣前定不能移　命犯羊刃須尅妻
先娶屬龍亡故早　再娶屬兔必無疑

月嗣

八字生來最可嘉　繩繩子孫福无涯
若問第二是何相　寅年屬虎生你家

趨辰

一對鴛鴦池上鳴　半路失散最傷情
屬龍佳人尅離去　再娶必然還屬龍

中汪

五十三歲喜慶多　泮水初入快如何
衣頂榮身光門户　不枉寒窗苦揣磨

邅未

桃花柳絮暗飛揚　數定妻宫有刑傷
尅去屬虎歸陰路　必然再娶是屬羊

二

辟地
兑巳
坐中
中澤
兑午

堂前麗早好風光　桃紅柳綠艷陽粧
先天八卦早定就　次子屬兔根紀綱
前定姻緣主尅離　生來福齊壽不齊
尅去佳人屬龍相　又娶屬蛇一嬌妻
命中注定晚子宮　縱然早見不能成
四十三歲家門幸　瑞統画堂立子宮
也知火年得志好　爭奈文星不助功
五十四歲遊泮水　好似冬嶺秀孤松
數定姻緣非偶然　刑冲破害不得安
尅去妻宮屬龍相　再娶屬馬是良緣

辟色

使乎

[illegible]未

中中

[illegible]申

命中子息早定明　兄〻弟〻莫相爭

若問次子是何相　算來屬龍無移更

寒桃結果在晚冬　吉夢維熊喜盈〻

四十四歲立下子　玉景堂前樂康寧

命犯刑冲不可當　半路以上有刑傷

屬龍佳人先尅去　再娶必定是屬羊

五十有五運行通　文星暗助魚化龍

明倫堂上標姓字　不虧寒窗苦勞功

桃花柳絮亂紛〻　命帶陽刃尅妻身

屬虎之妻先尅去　再娶定是屬猴人

三

辟言

子息宮中非偶然　大大小小不一般
要知次子是何相　生來屬蛇在巳年

魁申

天配姻緣不自由　夫妻好合不到頭
魁去佳人屬龍相　再娶必定是屬猴

中神

老蚌生珠休嫌晚　寒桃結果喜遲遲
五十六歲遊泮水　大器晚成始信之

魁酉

鴛鴦錯亂壽不齊　中道必然見別離
先魁妻宮屬龍相　再娶妻宮定屬雞

吹篪

五行四柱最可嘉　神數算來總無差
次子屬馬居午位　丹桂堂前發根芽

白水　尅戌　中張　尅酉　仲氐

五行四柱顯毛能　香炉蠟台造得精
茶酒壺樣班班好　消鉛化錫作匠工
數定姻緣總在天　壽命長短不一般
屬龍佳人先尅去　再娶屬狗是良緣
一頭白髮擢將去　萬兩黃金買不回
五十八歲遊泮水　好似花殘春又來
前定姻緣不可移　命中數斷主尅妻
先尅佳人屬虎相　再娶必定是屬雞
子息宮中非偶然　八卦排列分後先
若問次子是何相　原是屬羊生未年

四

趁亥　其次　中興　趣子　繼長

先天注定論姻緣　壽數長短不一般
赴去佳人屬龍相　再娶屬猪理必然
八字生來喜無憂　子息宮中細推求
若問第二是何相　生在申年該屬猴
五十七歲透文星　泮池初入耀门庭
观榜凡無同輩在　帰家惟有子孫迎
先天神數論姻緣　屬兔佳人赴在先
再娶必定是屬鼠　舉案齐眉稱良緣
子宮前定不可移　兄弟排列此肩齐
神數推求以子相　生在酉年該屬雞

趙丑　中愛　趙戌　居弍　叔先

一对鴛鴦在河洲　中途失散不到頭
屬兔佳人赴离早　再娶必定是屬牛
曾記當年作頑童　而今已代一老翁
五十九歲文星顯　泮池得意始成名
姻緣前定不非偶　命主刑傷不得以
赴去妻宮屬虎人　再娶必定是屬狗
陰陽交會喜氣添　子息屬相定根源
次子屬狗居戌位　福祿豐裕在晚年
神數算君多見男　算畢一二算第三
第二屬虎寅年降　興家立業非等凡

夫妻偕老有同心　誰料半路兩離分

剋寅

剋去佳人屬兔相　再娶屬虎是良姻

神足

文星暗助喜無涯　運行流年最可嘉

人言六十花結子　君至六十始開花

命定姻緣是前結　壽數長短不可說

剋卯

先剋妻宮屬兔人　再娶屬兔自相得

八字生來意事喜舒　子息宮中樂有餘

排次

麗景堂前春光好　次子原來是屬豬

一對鴛鴦戲水濱　不料半路兩離分

剋辰

先剋佳人屬兔相　再娶必定是屬龍人

神刻
六十一歲喜无涯　文星暗助最可嘉
泮水初遊芳名香　枯木逢春晚發芽

尅亥
桃花柳絮乱紛飛　命帶陽刃主尅妻
尅去妻宫屬虎相　再娶屬猪一嬌妻

汪還
陰陽配合喜氣生　子息宫中發光榮
第三子息屬鼠相　生在子年最清明

尅巳
姻緣錯配有刑傷　神數算來不久長
尅去佳人屬兔相　再娶屬蛇兩相当
八字生來喜氣週　命中有子不須求

列鼎
若問第三子宫相　生在丑年是屬牛

六

神月　趣午　叔元　趣未　神汪

六十二歲大運來　枯木逢春花又開
身穿藍衫頭帶頂　人人稱你是秀才
命定妻宮非偶然　刑冲破敗不得安
剋去佳人屬牛相　再娶屬馬是良緣
五行四住本先天　子息大小次第運
若問三子是何相　算來屬兔在卯年
刑冲破敗不可當　一對鴛鴦早見傷
剋去妻宮屬兔相　再娶必定是屬羊
運行流年多吉祥　文星入命喜祥[illegible]
六十三歲遊泮水　好似黃花晚節香

起子
數定姻緣漫吅吟　先天注就尅妻身
屬蛇婦人先尅去　再娶必是屬鼠人

三戌
光前裕後頼子宮　子宮排列振家風
先天神數早定就　第三子宮必屬龍

起申
天配姻緣不自由　火年夫妻不到頭
屬兎妻宮早尅去　重婚再娶定屬猴

継仲
八字生來喜祥〻　子息宮中排成行
第三子宮是何相　算来算去該屬羊

神澤
有錢難買青春火　轉眼白髮似銀條
運至流年九（六）十四　泮冰池中任逍遙

神愛
起丑
開泰
趣酉
神申
七

運行流年六十九　好似壺水變成酒
文星暗助吉慶多　明倫堂上姓字有
惡煞凶神在命宮　夫妻半路主憂驚
屬蛇妻宮早赴去　再娶屬牛無疑更
子息宮中細推求　大小排列次第用
若問三子是何相　神數定就必屬猴
命定姻緣壽不齊　數中推算主剋妻
剋去佳人屬兔相　再娶必定是屬雞
人說少年得志狀　我道大器在晚成
六十五歲逢洋水　老蚌生珠發光彩

尅伐

夫妻喜吃合歡酒　不料合歡不長久
屬兔佳人早尅去　再娶必定是屬狗

行參

先天神數定原因　子息宮中細推尋
第三子息是何相　原來屬蛇已年人

出才

一夜夫妻百夜恩　百夜夫妻海來深
君妻亦有深愛處　何故當年休出门

尅亥

命犯羊刃不可當　嬌妻逢之一命亡
尅去佳人屬兔相　再娶屬猪得安康

神神

桃開三月菊放秋　人生各自等時候
六十六上大運至　洋池得意任悠々

人說七十古來稀　君当七十得意時

興足

泮水初入多榮耀　枯木逢春發嫩枝

一對鴛鴦交頸飛　誰知半路兩離分

[走宣]子

剋去佳人屬虎相　再娶屬鼠可為妻

人生有子百事宜　膝下排行此肩齐

叔夏

第三子宮是何相　神數算來該屬雞

月老紅絲配姻緣　鴛鴦錯定福不全

起寅

屬牝佳人先剋去　再娶屬虎是良緣

六十七歲命運強　自古黃花香晚節

八

神興

遊入泮水光門閭　枯木逢春景自芳

魁丑
數定鴛鴦有失驚　誰人當此不傷情
妻宮屬虎尅離去　再娶屬牛無移更

冠四
天地交來化育生　子息宮中定分明
第三子宮必屬馬　神數定就無移更

魁寅
匹配鸞鴦犯尅刑　中途失散有憂驚
尅去佳人屬虎相　再娶屬虎無錯更

神張
運行流年六十八　好似乾河長水發
明倫堂上姓名揚　神數推算無差錯

魁卯
夫妻偕老喜無憂　豈料相隨不到頭
先尅佳人屬虎相　再娶屬兔得安休

九

汪句 [走寅]辰 在户 [走寅]巳 月降

先天神数定子宫　好似鴻雁列空中

算（算）來第三必屬狗　神数算來晚興隆

四配鴛鴦犯起刑　中途失散大有凶

先尅佳人屬虎相　再娶必然是屬龍

乾坤交泰喜無涯　子寅（宮）排列發根芽

第三子息亥年降　該是屬猪無錯差

姻緣前定不可更　半路損傷最可驚

屬虎妻宮早尅去　再娶屬蛇方趁情

運八巳宮凶殺臨　天災禍患來纏身

數定此時該尅母　傷心耿耿淚沾襟

有定

事緒扭捏亂心神　幾番尋路認不真
若問明堂是何處　喜得奔走在分门

忙迷

時不至運(來)有不通　幾番謀慮幾改更
若將撥亂忙除送　萬事如意遂心情

買壞

八字流年運不通　元師跌職為先鋒
縱然虧心忍耐過　後來也要變故生

掌火

歷世經營幾多端　買賣大小不一般
神數推算無差錯　知君發賣好名姻

古風

一生忠原又老誠　財帛相交最分明
調三吠四再無你　吃虧上当耿真行

土大　多智　易古　盜　雜昧　十

說你無能也有能　全憑手藝度生平
逢差入家買賣地　丈量尺竿甚是公
四柱生來甚是偏　自顯才能在人前
好人所惡惡人好　神數定你品不端
不該不該又不該　不該當日丟書來
雖然改入此道路　後日亦自可發財
此命來（生）不可有言　賊星入命最難堪
雖然未嘗走黑路　也被賊人攀入官
五行四柱格局清　不與別人一樣同
先天神數細推算　多才多技多藝能

还頭

此命生來吉星臨　衣服食祿勝別人

論子該有兩三個　聞妻須配申子辰

樂哉

生來八字不安閑　吃穿二字甚难(隹)难

日夜勞若無休息　真可度日如度年

安貞

此命生來不宜強　只可守分居本鄉

設立買賣(珠)成家計　不受路途若風霜

面早

老蚌生珠古今奇　枯木逢春發嫩枝

四十五歲立下子　老安少懷各自宜

處士

吉夢維熊發禎祥　自古黃花晚節香

四十六歲立下子　玉景堂前喜洋洋

卞

福爪
周吉
歌者
杀離
賊也

八字生來性不成　五行四柱犯刑冲
若不禳禜南北斗　父母生你一場空
進几年來運不強　官詞口舌鬧嚷ゝ
宅神不喜須禳禜　免得惹氣破財傷
四十七歲發禎祥　家門康太立児郎
瑞繞画堂多吉慶　添丁進妻百世芳
由來古木卧平沙　子息宮中有根芽
先天神數細推算　定有一人出了家
暮景堂前福祿隆　迎門有爛喜盈ゝ
四十八歲立一子　光前裕後耀門庭

乃若

夷性

小回

午火

四十九歲問流年　毛血雖衰喜氣添
瑞繞画堂立一子　家門康太福祿全
人〻說你在好地　你卻還是不如意
雖然有吃也有穿　如常肯生閑雜氣
雖將秕糠帶入宅　屈傷尔妻好羣欽
只因未得早發達　又傷你妻小英孩
五行四柱犯刑冲　命運財星不甚通
幾番經營好買賣　幾番謀慮一場空

招贅　平安　火烈　不顯　草由　た

八字應該承外家　父母生下一場空
他人有女無有子　招你養老搭送終
命犯撥乱最可悽　撥乱頭妻主生離
若不依法早祭茂　準備二妻也要離
神數算定不差毫　應該集鎖若勤勞
人家都賣京雜貨　你賣燒餅與火燒
不堪不堪又不堪　神數早已細推還
雖然無大虧心事　總有不可對人言
在先你也論予評　後來却又習醫生
如今又覺子評好　行醫還要論子評

邵夫子前定終身神数 秋部

秋

魁申　岐山　續印　子息　魁酉

陰陽錯配福不周　一枕鴛鴦不到頭
屬雞妻宮先魁去　再娶必定是屬猴
命中子息不可誇　不過中年享紫花
生在子年屬鼠相　排行第六要發家
冷雨嚴霜花自零　命中魁母定前生
月缺復圓人事好　繼母屬鼠自分明
妻宮屬鼠最可傷　命犯妖壽不久長
閆王廟裏去掛號　輕了半路兩分張
命定姻緣不可移　中途失路散淚悲悽
魁去佳人屬雞相　再娶妻宮還屬雞

繼五　除殃　廼戌　丑盡　廼亥　一

春至花開草木香
子宮膝下喜成雙行

第六子宮屬牛相
生在丑年福祿康

算君此病怎得來
着氣傷寒結成災

而今已愈加凝病
速祭五鬼免悲哀

夫妻樂飲合歡酒
誰料合歡不長久

尅去妻宮屬雞人
再娶必定是屬狗

幾度光陰幾度春
妻宮屬牛命不真

鬼門關上去點卯
提起一片好傷心

命犯刑沖妻有傷
迅雷驚破好鴛鴦

尅去婦人屬雞命
定娶屬猪來填房

魁子

前定鴛鴦非偶然　鴛鴦折散可傷慘
剋去妻宮屬狗相　再娶屬鼠配良緣

神宗

胎元合定數無更　神算数推算論子宮
第六兒郎屬鼠相　生在寅年振家風

秋磨

堂上慈母壽不堅　早年刑剋喪黃泉
后娶繼母屬牛相　雖有言語意不甜

寅終

一樹鮮花被風折　屬虎妻宮主離別
高崖深處宿一遭　雨打殘花泪泄泄

魁丑

命犯刑沖最可憂　鴛鴦匹配妻難留
先剋妻宮屬狗命　再娶必然是屬牛

未月 路塞 魁寅 耶寂 魁耶

子息宮中細推尋　算來由命不由人
第六子宮耶年降　原是屬兔定得真
此命早該得功名　只因沖犯混文星
若能依法忙鎮祭　目下求名喜盈〻
命犯刑沖配姻緣　姻緣錯定福不全
屬狗之妻先魁去　再娶屬虎整家緣
妻宮屬兔主凶災　雨後殘花風又來
洞房花燭曾有幾　一枕鴛鴦兩分開
數定姻緣壽不齊　妻宮屬狗染黃泥
先天神數早定就　再娶必然屬兔妻

魁辰　重三　補印　辰休　魁巳

八字生来犯刑沖　刑沖注定魁妻宫
魁去妻宫属狗相　再娶必定是属龍
先天神數論子宫　第六算来該属龍
玉景堂前風光好　榮花富貴晚年隆
母兮生我劬勞深　不幸早亡難報因
堂上繼母属虎相　勉力行孝不越心
雨後殘花風裡燈　最忙妻宫是属龍
數中定就難偕老　准倫傷心泪盈盈
命犯羊刃須魁妻　魁得妻宫染黃泉
先娶属狗難偕老　再娶必定属蛇妻

三

陰律

巳故

魁午

午默

魁未

子息宮中次第明　一二三四五數成
推算第六是何相　原来屬蛇巳年生
先天神數定吉祥　妻宮屬蛇不久長
月正明時被雲蔽　傷心耿〻賦斷腸
聚會歡欣離別悲　妻宮屬狗惹泪垂
若是重姻要再娶　定是屬馬在羅幃
神數妻宮論的詳　早知屬馬不久長
春後殘花秋後草　一陣傷心泪汪〻
陰陽錯配主刑傷　兩次歡娛在洞房
先魁屬狗又要娶　神數算来定屬羊

魁申

前定姻緣莫強求　刑沖破敗妻難留

先尅婦人屬狗命　再娶必定是屬猴

陽呂

堂前丹桂發禎祥　朶〻開放朶〻香

神數推算第六子　生在未年是屬羊

堯室

堂上慈母壽不長　移花接木最可傷

繼母屬蛇居巳位　觸目傷心泪汪〻

魁酉

匹配鴛鴦不可離　命中無奈主尅妻

尅去佳人屬狗相　再娶定然是屬雞

坎數

子宮多寡定前生　依次算來最分明

第六兒郎必屬馬　神數定就不移更

中杀

魁戌

補助

魁亥

四

魁子

五行四柱定分明　芝蘭須知晚景榮

数定君有五個子　算来不是一母生

前定姻緣真又真　刑妻注定漫沉吟

屬狗妻宮魁離去　再娶還是屬狗人

命中注定早成名　何故而今尚落空

只因混文星打絞　即速祭送方顯榮

月老紅絲配姻緣　姻緣配定最傷慘

魁去佳人屬狗命　再娶屬猪理必然

先天注定好姻緣　一旦分離最可慘

魁去婦人屬狗命　定娶屬鼠再續絃

冠七

命定子宮不自由　成雙配對喜悠悠
先天神数早定就　第六兒郎是屬猴

繼坤

堂上琴瑟斷絃音　月缺花残泪沾襟
生身母親剋離去　後娶繼母屬馬人

未了

風裏灯燭草上霜　最怕妻宮是屬羊
生来不能同偕老　徒留想像夢一場

慈丑

数定鴛鴦不到頭　嬌妻有命也難留
先剋婦人屬猪相　再娶必定是屬猴

爻數

子息雙雙在堂前　神数推算次第連
若是排行居六位　定主屬雞在酉年

衣盧
先天定命犯刑傷　堂上慈母必早亡
繼母該是屬晃相　神數算來無乖張

魁寅
聚會歡欣離別苦　妻宮屬猪歸泉土
洞房花燭又重新　神数算来定属虎

申未
妻宮屬猴主失驚　難得偕老在今生
春後残花風裏燭　提起傷心泪珠傾

魁卯
八字生来主尅刑　尅妻屬猪在亥宮
亥年屬猪妻尅去　定娶屬晃美姿容

⿺鬼亥辰

五行四柱犯魁刑
終日臉上帶愁容
屬猪妻宮早離去
再娶必定是屬龍

位坎

蘆生老母送子宮
送來子宮鬧哄〻
神數算你第六子
定是屬狗大興隆

又地

母兮生我恩愛深
命主刑魁好傷心
后娶繼母屬羊相
觸景生情暗沉吟

中杀

子息宮中細推詳
庭前排列喜洋〻
五子亦可比竇氏
爭奈不是一個娘

⿺鬼亥巳

前緣配定好鴛鴦
今日拆離不成雙
魁去婦人屬猪相
定娶屬蛇無乖張

六

神杀 潑井 鬾午 酉去 鬾未

鳥語花香景色鮮　子宮大小不一般
第六子宮屬猪相　晚景豐裕非等閑
罪惡深重不自刑　禍及慈母命難容
月缺幸有重圓日　娶来繼母定屬龍
鴛鴦匹配喜欣〻　誰料今朝不同羣
屬猪婦人離去早　再娶必是屬馬人
風裡灯燭雨中花　妻宮屬雞命有差
閆王廟裡去掛號　人〻都說你失家
先天注定好鴛鴦　誰料半路有刑傷
魁去妻宮屬猪相　再娶必定是屬羊

⿺鬼亥申
一枕鴛鴦不到頭　傷心耿耿泪常流
屬猪佳人難偕老　再娶必定是屬猴

姚氏
堂上雙親壽不堅　早年尅去心痛悽
又娶繼母屬猴相　月到中秋缺復圓

坎嗣
神数定君多男兒　六子排列在庭前
爭奈不是一個母　義方為訓免禍端

戌完
妻宮屬狗主災凶　好似行船遇狂風
一陣災難一陣危　一陣辭凡命歸空

⿺鬼亥酉
傷心一陣泪洒洒　風打鴛鴦兩下飛
室人屬猪早離去　再娶必定是屬雞

艮宗

復地

尅戌

令終

尅亥

七

先天神数定吉祥　嗣續宮中福晚昌

算君命有七個子　爭奈不是一個娘

神数先天不可移　尅去慈母泪悲涕

故園夜雨滋芳草　后娶繼母必属雞

夫妻好合百事有　好合誰知不長久

尅去妻宮属猪人　再娶必定是属狗

飄零鬼魂入命閻　五十七八壽難言

若能依法忙除送　還有陽壽十六年

失散鴛鴦意不舒　終朝每日悶鬱鬱

尅去佳人属猪命　再娶必定還属猪

後堂

人皆有母雙眉喜　君獨失恃泪暗垂
梧桐葉落春又發　継母屬狗在庭幃

坤杀

丹桂堂前發枝榮　子息宮中鬧烘〻
神数推算整四對　原来不是一母生

亥限

神数推算論妻宮　最怕屬猪亥年生
早知不能同偕老　傷心一陣泪珠傾

晚印

命中注定尅母親　日映梨花又重新
算来継母屬猪相　相親恰是不相親

待貨

五行四柱透財星　應該貨殖市井中
若問現今作何幹　糖菓舖内大經營

八

長吐

一妻一妾喜盈〻　何故而今犯刑沖
只因命帶羊刃煞　輕〻尅去長妻宮

訪出

此去尋人喜重〻　音信雖有恰無踪
若要再過三五日　不能見面定主凶

立吐

自古姻緣是前結　命犯刑傷不可說
一妻一妾方成家　定主妻在喪了妾

秋磨

時不至來運不强　繼母手下去吃粮
從來有功不得賞　更恨無風起波浪

苗稿

身帶貴奇不可誇　命犯妖壽染黃沙
若能依法先禳祭　方許保全享榮華

孤衾　一枕鴛鴦不到頭　逐日煩惱逐日憂
重婚必須金土命　方能完美保安休
既富　一時八刻不一般　有貧有賤有做官
神数算君何買賣　雜粮店裡發財源
月印　明々你母在堂前　何故数定染黃泉
只因先還有一母　未曾見面已歸天
勁直　禀性生来最不成　口快心直不留情
話不投機三兩句　生身父母也不容
交集　八字生来透財星　應該集鎮作經營
若問現今作何業　發賣雜貨度生平

維繫

五行四柱透財星　不宜攻書不宜農
先天神数早定就　繩麻鋪裏作營生

女環

玉女仙童覆盃漿　罷坐人間作梅香
成婚無用鐘鼓响　生離死別不安康

患内

先天神数細推詳　伺年門内不安康
陰星失政多内變　是非口舌鬧門墻

興晚

此命生来未美全　先受苦来後受甜
苦辣酸甜都受盡　後有榮華二十年

九

好勇

君似當年猛烈公　一生闖禍不成凶
粗中有細人難及　從来不落人下風

妙裡　剪師　姨大　管運　魁木

命中有子難坐胎　夢裡常見小英孩
幾次英孩来投母　正室不鎮進不来
五官四體有好歹　人生多少不可解
你心只恨路不平　行走必須拄雙拐
命該二子承嗣宗　五鬼来化無一成
早将寶鎮埋床下　可保偏房二子宮
撥乱臨門是非多　五鬼當職家不和
官灾口舌時常有　速祭宅神免悲歌
五行四柱不可誇　應該貨殖遠離家
神数細推何生理　鉄貨店裡作生涯

十

城翔
山國
至秦
皇城
牛城

可憐可憐真可憐
更有一般不幸處
誰將飛廉帶入宅
而今又傷尔孫子
心腹之病實難埃
梟神奪食藥不效
望聞問切醫道熟
貴星顯達時運至
這幾年来運不强
破財生災事扭捏

可憐老而無妻鰥
膝下缺火拜孝男
屈傷尔子好英才
速祭飛廉免悲哀
一口邪氣鬱心懷
通血香定把胸開
緩急遲縮脉理精
数定你是醫官生
勞碌奔波過時光
速祭勾絞保安康

邵夫子前定終身神數

冬部

冬

魁申

命定姻緣不自由　拆散最可憂
尅去妻宮屬馬相　再娶一定是屬猴

澤勾

命中子息非偶然　有大有小有後先
第四子宮屬鼠相　算来生育在子年

狀元

人生有子萬事周　光前裕後永無憂
第四子宮是何相　生在丑年是屬牛

魁酉

前定姻緣非偶然　命中刑尅也傷慘
尅去屬馬又重娶　定是屬雞在酉年

陳母

先天神數定的真　膝下子宮喜成羣
殀壽賢愚不一般　第四子宮屬虎人

興也

自家相親如路人　外處不親恰相親
安靜中生出羅皂　艱難處處偏有救神

尅戌

姻緣前定不偶(非)然(偶)　離合悲歡百事有
尅去屬馬一妻宮　又要妻宮定屬狗

繼叔

堂前丹桂發枝榮　子息宮中定分明
神數推算第四個　原是屬兔卯年生
鴛鴦交頸羽翼舒　半路刑傷意氣鬱

尅亥

屬馬妻宮先尅去　再娶必定是屬猪
數定陰陽非偶然　命中刑尅最可慘

一　尅子

先尅妻宮屬羊命　再娶屬鼠是良緣

列季

堂上雙親積德强　宫中排成行

神数推算第四子　生来屬龍壽命長

養生送死賴兒郎　命中刻定雁成行

季杀

第四子宫屬蛇相　神数算来無乖張

前定姻緣不自由　妻宫刑尅最可憂

魅丑

尅去妻宫屬羊命　再娶必定是屬牛

人生有子萬事全　子息成行也非凡

季札

神数推算第四子　原来屬馬生午年

先天神数定的真　定你是個尅妻人

魅卯

尅去妻宫屬羊命　再娶屬兎是良姻

居隨

桃花柳絮亂飛揚　鸞鳳相交子成行

第四子宮未年降　算來必定是屬羊

魅寅

夫妻好合如琴瑟鼓　不料刑尅入墓土

尅去妻宮屬羊人　後娶妻宮必屬虎

魅辰

一雙鴛鴦交頸飛　誰知半路有分離

先尅妻宮屬羊命　再娶必是屬龍妻

列騧

命定子宮不自由　生在申年是屬猴

算來必是第四子　玉景堂前喜無憂

二

瓜軍

這幾年來運如何　事不遂心苦勞多

任你何般機彀大　興要心力受奔波

堂前麗景百年榮　宮中喜盈〻

拔唐

第四子宮是何相　原来屬雞酉年生
鴛鴦匹配不吉祥　算定魁妻是屬羊

魅巳

若是再要重婚配　定該屬蛇無錯張

歲暮

子息宮中莫强求　成雙聯對不自由
第四子宮天定就　原来屬狗福祿悠
數定魁妻主分離　夜對残灯守孤恓

魅午

先魁婦人屬羊命　再娶必是屬馬妻
鸞鳳相交配陰陽　子息宮中細推詳

生晚

第四子宮屬猪相　改門換户非尋常

魅未

魅申

中勾

謹慎

寳嗣

三

一聲雷响震鴛鴦　兩下分飛最可傷
尅去妻宮屬羊命　再娶必定還屬羊
前定姻緣莫強求　命該刑尅不自由
尅去佳人屬羊命　再娶必定是屬猴
鸞鳳相交喜和鳴　第五兒郎子年生
神數算來是屬鼠　暮景堂前喜氣迎
寺前寺後莫胡行　無名路上休要登
假若不遵神聖語　准倫禍患目下生
鸞鳳和鳴喜無憂　兒郎命定莫強求
神數推算第五子　再娶丑年是屬牛

魁酉

数定剋妻主分離
枕冷守孤恓
剋去佳人屬羊命
再娶必定是屬雞

燕山

鸞鳳相交喜和鳴
神数推算論子宮
若問第五是何相
原来屬兔卯年生

魁戌

燕語鶯啼不遂心
先天注定剋妻身
剋去妻宮屬羊命
再娶必是屬狗人

登科

神数推算論子宮
算来第五該屬龍
夕陽一段風光好
改門換户振家風

魁亥

夫妻和好意氣舒
半路離分悶鬱鬱
屬羊妻宮剋去早
再娶必定是屬猪

魁子　指末　多日　羣羊　魁丑

月老紅絲配姻緣　刑沖魁制非偶然
魁去屬猴婦人命　再娶屬鼠早定前
義方訓子古今傳　個々成名非等閑
神數推算第五子　屬蛇生來在巳年
此時宮詞尚淹纏　吵々鬧々不得安
小人背地常調弄　神符一化自消然
命定子宮非偶然　有大有小有後先
第五子宮屬馬相　生育原來在午年
命定魁妻不自由　先魁妻宮是屬猴
若要重娶再姻配　算娶必定是屬牛

臨門　口香　[illegible]寅　居中　[illegible]卯

子息多寡不一般　[illegible]推求次第連
一二三四從頭數　第五屬虎生寅年
先天神数論命宮　五行四柱顯藝能
日夜勞苦費心力　定是烟房一匠工
命犯魁妻最可傷　妻宮屬猴不久長
若是再娶定屬虎　洞房兩次作新郎
先天神数定吉祥　子息宮中鬧穰穰
若問第五何屬相　定生未年是屬羊
八字生来犯刑沖　刑沖屬猴一妻宮
若是再娶重婚配　必定屬兎卯年生

五

䰠巳　祥雲　䰠辰　天申　䰠午

鴛鴦離散各西東　泪眼昏迷伴孤灯

魁去佳人屬猴相　再娶屬蛇一妻宮

丹桂萬〻氣色新　第五子宮屬狗人

園林到處風光好　玉景堂前一枝春

八字生来犯刑沖　刑沖屬猴好妻宮

若是再娶重婚配　神数算来必屬龍

花椰堂前舞春風　先天神数論子宮

第五該是屬猴相　生在申年福祿隆

前世姻緣非偶然　刑沖破敗最難堪

魁去屬猴再要娶　再娶屬馬是良緣

尖指

移金換玉結成婚　[illegible]花開正逢春
第五子宮屬雞相　晚景豐裕福自臨

起霧

五行四柱細推詳　算君買賣在烟房
時王定制小鍋飯　男女大小都想嘗

䟳未

一聲雷响震鴛鴦　妻宮屬猴不久長
若是再要重婚配　神数早定是屬羊

繼四

春来花發子宮生　神数算来無錯更
第五兒郎屬猪相　晚景豐裕福自迎

䟳申

命定姻緣不自由　配来两次都屬猴
尅去一個屬猴命　又娶一個還屬猴

魌酉

五行四柱犯重妻　鴛鴦和好兩分離
尅去佳人屬猴相　再娶必定是屬雞

老陽

聪明才貌非尋常　可惜八字犯暗傷
暗傷夫主難見面　晚配遲婚落填房

有恒

世上惟有讀書高　君今讀書似良苗
待得甘霖時雨降　定要秀實出塵囂

少吉

此時官詞運不通　只恐見官有險凶
夜来書符向東化　貴人扶助十分贏

魌戌

陽錯陰差難保守　好妻雖有不長久
先尅婦人是屬猴　再娶必定是屬狗

魁亥

先天神數定原因　命犯羊[陽]刃魁妻身
魁去妻宮屬猴相　定然再娶屬猪人

指引

一陣傷心淚暗傾　數中算你此時情
現今還有兩條路　要你自己斟酌行

天淵

此命生來最可憐　驛馬發動逃外邊
老來更遇孤辰煞　總有妻子隔雲端

冬宮

張弓挾矢歷多年　時運不至奈若何
幸逢流年三十九　衣頂榮身振山河

魁子

數定姻緣漫沉吟　命中注定克妻身
屬雞妻宮難偕老　再娶必定屬鼠人

迺丑　禮用　宜貸　為良　迺寅

陽錯陰差福不周　妻宮有命也難留
尅去妻宮屬雞相　再娶必定是屬牛
此時官詞須見官　凶多吉少不安然
月令現逢六害煞　不如和解最為先
現今八字透財星　不宜安然坐家庭
若是謀畫作買賣　自有貴人來助功
五行四柱定命真　晚菊花開在秋深
三十八上功名達　好似枯木又逢春
翠竹青松常相伍　夫妻歡會離別苦
尅去屬雞一陸命　再娶必然是屬虎

大貫

片紙輕　下源因
再娶必（陽）然是屬馬

問君現作（身）作何業
當鋪以內大發財

臀峯

此命生来非尋常（傳）
富貴功名出人頭

不信但看奇異處
屁股旦上長肉猴

[走+酉]卯

喜得相逢恨別離
命中無奈主尅妻

先尅妻宮屬雞相
再娶屬兔必無疑

海市

八字生来坐食神
亥妙至理洩天真

若是時真刻数正
定作魚塩大商人

[走+酉]辰

八字生来犯刑沖
刑沖妻宮不相逢

尅去妻宮屬雞相
再娶必定是屬龍

迺巳

陽錯陰差若難言
屬雞妻宮福不全
再娶必是屬蛇相
神數早已定在前

遠方

五行注定有將星
跑馬射箭拉様弓
運行流年三十七
衣頂榮身振家聲

迺午

前定姻緣非偶然
刑沖尅制妻不安
先尅妻宮屬雞相
再娶屬馬是良緣

陰失

男犯騙馬偷出門
女犯騙馬連夜奔
若不收韁回騙馬
準備辱家敗人倫

迺未

命犯刑沖最可傷
原配妻宮不久長
先尅佳人屬雞命
再娶必定是屬羊

八

可繼

子宮不成非命無　宅院有傷須早圍
若能依法忙鎮祭　定有一二拜庭除

為貴

此時官詞運未通　用神尅體有灾眚
其中有人暗扶彼　只宜求和莫致凶

難對

此命姻婚有奇翹　說来說去枉徒勞
只因撥乱来當職　看是成是時有唆調

默佑

君今官詞許吉祥　體尅用神有何妨
暗中自有吉星照　小人空施計一場

海濶

過事時敢作敢為　施恩處虧中吃虧
只因度量寬洪大　些小憂愁不皺

寒冬

五行四柱財祿昌　應該經營出外鄉
若問現今何買賣　放賬又帶開粉房

才蒼

罕稀罕稀真罕稀　罕稀當日你娶妻
無媒無証無聘禮　却有一頭兩個揖

大有

財来好似江水流　財去飄飄不回頭
人人都說你好過　其寔你也狠發愁

九

草田

才高智深學廣博　行醫治病還賣藥
先天神數定得真　早知你是江湖客

邵夫子前定終身神數 上部

性情

此命鑁糅不听説　性情偏辟多劃裂

不是把高便上梯　跑來跑去常吃跌

火険

三朝兩日掛娘懷　迎生以內該生災

鬼門関上点过卯　陰曹地府闖出來

天元

此命生來福禄榮　定両尋常大不同

父親應是貢生命　先天算來無移更

好怒

八字生來性情端　好在人前行方便

可惜好心去為他　过后反落你不賢

紅樓

此命好似一枝蓮　清〻秀〻[illegible][illegible]仙

吃的不缺穿的有　一世[illegible]花自在安

記痕

此是上方左金童　降落人間必大成
不信但看身上記　須化神符方保住

緑窓

这几年来運不強　劳々落々过時光
大々小々落不是　着来你是惡水缸

多寛

此命好似孤根草　東風吹来西風倒
小哩說你偏夠大　大的說你向了小
數推君命甚宏通　不兩尋常一樣同

天膳

父親定然是廩膳　衣冠不改旧家風
女命傷官夫不真　尅的夫主命难存

改適

若要論到正時刻　不是填房便后婚

元吉

也有食神也有財　当家理事有安排
虽然未在塲中走　不讀書詩女秀才

正時刻

寅申巳亥火命子　父金母土有先死
夫君木命方保全　姊妹二三定如此

零丁

八字生来苦又孤　衣裳破爛仰人補
生前無人叫老子　死后無人哭丈夫

可望

清秀心公志气高　求名求利不須勞
单等吉星来相照　衣頂榮身自逍遙

上

乘俐

衣服鞋脚好穿新　只要打扮勝別人
聰明伶利多心巧　就是嘴刁不非尋

愆期

人生無子最可惜　有遲有早最難必
問君几時落塵凡　母親行年四十一

官役

此命生来貴不真　應該出外住公門
虽然未登龍虎榜　却比奔監強十分

夾雜

今歲流年口舌多　裡人又被外人唆
烏鴉不住攔頭叫　鸚鵡要奪鳳凰窩

三

遥哇

不種田園不栽桑　憑着一身度時光
虽然無有大買賣　時嘗却有進財郎

回青

此時莫問病如何　吉字少来凶字多
家宅六神忙祷祝　防備家中動哭歌

鉄山

墻裡栽花墻外紅　一母生下两母成
從小不把千娘記　庵覌寺院起法名

英志

此命心高志氣雄　不与别人一樣同
只因將星頭上落　葉文習武耀門庭

請祷

枯木欄杆養魚池　身上有病人不知
如嘗帯着三分疾　强打精神作事為

雙影

一对鴛鴦往南飛　一个高來一个低
一个飛入閆羅殿　撇你獨自守孤栖

安畜

為習手藝度生平　嘗藥辨性分君臣
六畜平安全賴你　可稱名醫十一人

室青

一朵鮮花被火燒　燒來燒去枝葉焦
若不書符化法水　終久成个干血劳

孀玷

这个人兒太無端　說你言語寔难堪
常想搓着臭狗屎　望你頭上堆一秋

反樂

人說你好你苦愁　費心劳力度春秋
頂缸墳限頭一个　分粮領賞却都休

癸安

說你無災却有災　强打精神爬起來
除你扒揭一身病　傍人还說你自哉

吉熙

硯台入命最可傷　夢中尝去赴科場
凡番朱衣把頭点　硯台攪乱名不揚

孀繼

八字生來命運乖　尅夫損子好哀哉
送終必須要繼子　忍氣吞声哭莫疑猜

貞勝

自來秉性不非凡　只好足踏上風船
有泪偏向背地拭　不去人前告艰难

正時刻

長戌丑未是孤身　父母水火子命金
夫君宜小土木命　方見此刻定的真

長懊

為問娶妾意如何　原望生子使喚多
不料丈夫失主意　枕边言語尝調唆

閨秀

女命生来性情剛　当家理事有主張
若要論到男命上　不脫紫衣狀元郎

充勝

烏蛸要戰真龍位　野雞竟奪鳳凰窩
一片好心隨流水　只落言和意不和

下陳

偏才透露最㬎揚　当家理事有度量
虽然為夫為妾小　更比長婦十分强

失便

不該不該又不該　不該水道遺尿来
辱渥夜叉朝龍服　剛又尝剌你英孩

五

三房

一心好強時未来
背地如常泪滿腮

吃穿俱在他人手
眉高眼低不趣懷

鏡破

泪珠湿透凄凉枕
悲声驚起架上雞

一夜愁腸不得睡
吧到天明泪洒々

瓜外

騆馬發動走四方
音信減最絶可傷

月令現逢凶悪杀
速向皂君祷吉祥

流低

破敗二星又命来
惹是招非又破財

六畜不安人口失
急為祭送免悲哀

假双

一処来々一処生
只望同胞作弟兄

誰知山川多奇路
致落前後兩門庭

與晚

此命生來福祿深　越老越覺越精神
雖然也曾費心力　往后榮花大要身

未登

此命生來遇吉星　定然折桂步蟾宮
几番夢見朱筆点　硯台攪乱當落空

才难

一片傷心無処言　除你把脚落自然
背地當有人嚼念　難嗹齋嗷最难堪

難期

濛濛雨來習習風　算你命中有功名
若非句綫來打混　早有頂戴向身荣

當空

此命若來問功名　流年喜得遇吉星
命中該是有頂戴　只待花開一樹紅

六

怒膏

休問此病從何得　一口氣兒坑噎〻
好似蛤蟆干鼓肚　總有冤屈不能說

官名

女命生來意氣揚　心靈手巧性情良
主夫定是有頂戴　逍遥自得过時光

沽職

此命生來最為良　改門換户非尋常
等閑若問功名事　雜職候選縣右堂

乾武

張弓挾矢非等閑　赫〻揚名宇宙間
借問君夫何頂戴　原來是个武生員

萬福

女命生來福祿榮　發旺翁婆助夫興
手上斜文真富貴　又主伶俐又聰明

姦次

送子娘〻喜氣迎　送來一对女童花
天定次弟該為長　落个妹〻过一生
五行四柱犯重妻　提起重妻最可悽

泗魚

命中暗帶飛刃煞　陽門怒斬少年妻

孤臣

孤獨星杀最堪悽　没了靠墻被人欺
獲身符法若不用　想前容易悔後遲

前阻

此命生來苦在先　家中大小落不賢
白日燒茶又做飯　穿針納線坐不安

早備

一為田產二為財　三為旧事不明白
你不尋他〻尋你　不鬧大事不落台

七

縱九

財官印綬格局清　此命生來顯功名
虽非龍虎榜上客　雜職候選也非輕

髯翁

誰在瀟湘誰在吳　誰人相貌入畫圖
先天八卦早定就　知你是个羅腮鬍

豪傑

習拳棒有何益　獲體防身最為奇
數中推算武藝好　可稱人間一教師

妓長

盈門有喜好快哉　兩朵鮮花一齊開
同年同月同時降　該為姐〻你先來

脊環

此命該是食四方　習拳外科最為良
無名腫毒皆能治　还治癰疽疥癩瘡

心氣

傷心傷心又傷心　傷心常懷不如人
千般勞苦都受盡　只落一氣腹内存

回寅

命犯白虎吃子宮　吃的子宮不能成
若得明師來禳祭　方有子宮奉祀終

娃單

兩朵鮮花盆内栽　狂風擺折一朵衰
可憐壽數有長短　双生反作孤生來

嗣残

此命生來未美然　五宮四件都也全
若要論到子息上　算來該是有破残

俊斗

財官印綬三般全　女命逢之享福田
夫主該是前程命　安享榮花樂自然

遠遥

遠路迢〻望夫君　不見父母兄弟人
更有一般傷心処　狗咬子女不能存

回生

此命生來甚是硬　尅夫損子最傷情
命犯三条白棍杀　速依法祭保安寧

回暗

暗害入命最可憐　明驅暗騙寔难堪
若不依法早鎮祭　必吃大虧惹禍端

晚育

老蜂生珠休嫌晚　寒桃結果喜遲〻
你毋行年四十歲　送子娘〻送你時

穩獸

騾馬牛驢最相関　可惜有病不能言
調治藥餌須用你　掠鼻覔角全不全

火魁

四柱生来透財星　應該貨植市井中
若問現身是何業　鉄貨店裡木經营

塲師

此命假貴不可言　迷魂陣上會羣仙
執掌開元一塊印　人人稱你是宝官

亥出

五行四柱㬎藝巧　習季外科也罷了
若要再季論子平　遊走江湖更是好

與蒼

看你光景是輕閑　你却扒拮不自然
旁人都說你享福　神數筭来受熬煎

幼火

此命生来遇吉星　荣花富貴非等輕
若是棄文去習武　衣項如在掌握中

李文

当年錯过好光陰　而今竟自守清貧
萬般生活不趣意　可作江湖裡頭人

辛前

五行四柱最清閑　懶讀詩書不務田
大小買賣皆無志　可作上衙一書班

九

快安

四柱生来多勾綫　買賣虽好做不好
这行出来到那行　那行又覓順遂大

邵夫子前定終身神数　中部

中

馬釦

楊柳枝上映日紅　丹桂堂前發新容
先天神數細推算　四月二十降母宮
生在子時五刻中　父母已定早尅刑

諦真

慈母年老春常在　妻子永團福祿隆
人生大樂雙親全　不幸高堂是孤單

早及

慈母屬虎壽年大　嚴父早已歸西天
辛卯運中事有差　心神不定亂如麻

甲己

行動梟神常打絞　早晚禍患來到家
運至丁卯旺家門　光輝照耀喜相臨

人騙

寒窗蘊蓄經綸展　遊得泮水步青雲

跌足
金烏西墜玉兔升　蚯蚓方出蝼蝈鳴
算君元辰在四月　二十二日母降生

灼尋
丑時五刻論雙親　父親已守歸先陰
美貌佳人永偕老　母親寿年高又深

真諦
先天神數定的端　堂上雙親福不全
嚴父先去歸陰路　母親屬兔寿延年

紅厲
赤身鬼藏人衣衫　力氣経脉不周全
若還怀柔風隨化　生手又被鬼来纏

鏊情
丹桂青松過寒冬　梅花雪裡益光明
一陽初動十一月　正當初五際降生

勘拭

寅時五刻好風光　母親延壽歲月長
命中注定該尅父　閏月佳人兩相当

鑿

海棠朶〻賽金精　綠柳冉〻映山青
五月初二君降体　晚来造化大有成

叅

父母之恩重如山　為人須要孝當先
慈母属龍春常在　父親不幸赴九泉

斉

運至丙辰喜氣洋　洋池得意姓名揚
不負寒窓十年苦　青路雲上有馨香

豪

歲月寒冬梅綻榮　堂前暮景發光榮
暑往寒来十一月　初七之日你降生

大啓

卯時五刻命孤單　父母有妨不周全
數中定就先尅父　妻宮木命方保安

普天

桂子堂前欲吐香　蟠桃果熟更清黃
生辰五月初四日　明朝插艾是端陽

了然

先天神數論端詳　壽數雙親有短長
慈母屬蛇壽年永　父親已定命早亡

連三

丁己運中大發祥　明倫堂上姓名揚
初遊泮水稱秀士　不負十年苦寒窗

丙辛

庚辰運裡不和諧　口舌是非多招來
家中事体多瑣碎　男兒在外也破財

九苞

運交丙午發清奇　歲月悠悠任施為
明倫堂上標姓字　泮水初遊得意時

不分

辰時五刻命不強　不幸父親病疾亡
妻與萱堂在塵世　方見此刻無乖張

踏水

榴花開放映日紅　楊柳枝頭扇溫風
五月初六君降世　榮花晚景大興隆

聯娛

丙寅運至大亨通　出入吉星相助迎
泮水初遊為秀士　明倫堂上標姓名

兆分

人生難得百年安　堂上雙親不周全
慈母屬羊壽年永　父親不幸早歸天

烏乇

梅花竹影月光明　稟々嚴霜飄朔風
算君生在十一月　初九之日降母宮

戊癸

辛巳運中不吉祥　多遭是非惹禍殃
家中人口生疾病　外有官詞及刑傷

追本

巳時生在五刻間　父亡母存有根源
若是此刻妻必在　不合此數命難言

坐启

八字生辰在命宮　颯々寒風鼓沖冬
子午宮相冲十一月　十一离却母怀中

乾闕

大運一交庚午冲　好似行般遇狂風
六畜人口多瑣碎　心忙意乱遭困穷

京順

四柱由来不一般　元辰節氣正迎寒
數宮君生十一[illegible]　二十一日落塵九

仔肩

午時五刻弟兄多　堂上雙親有離歌
父帰陰曹母在世　妻宮难免見閆羅

林之

丁未運中發好音　門迎五福自天申
明倫堂上標姓字　喜氣洋ゝ長精神

勝時

榴花開放正崢嶸　惟有葵花向日傾
生辰五月初八日　丹桂堂前子規鳴

滚堂

運行辛未多留連　梟神五鬼常相纏
大小事躰皆不順　十年瑣碎又艱难

天定

昊天罔極父母恩　古今寡有百歲人
屬馬母親寿年永　父親不幸早歸陰

符法

大運一交至辛丑　時逢吉耀展學守
泮池初步姓字揚　不負寒窗攻苦久

決心

一片嚴霜寒氣充　雪花飄〻散滿空
元辰本是十一月　二十三日降母宮

戊辰

未時五刻日轉西　父亡母存寿不齊
妻命水火不相尅　子宮閏月方合期

菲軍

辛丑運中不可言　行止坐臥心不安
句陳吊客來打絞　閉門禍從椽眼鑽

九一 排珠 喜堂 彩階 樹立

丙戌運裡喜氣深
萬事如意多遂心
意下學業稱錦秀
鵬飛萬里步青雲
和氣吹動椰枝斜
園內牡丹盛發花
生辰三月十八日
瑞繞畫堂福滿家

辛亥運中不吉祥
災非口舌不安康
六畜有傷財耗散
大小人丁遭禍殃

丁酉運中喜氣加
芸窗攻苦顯光華
學業一展遊泮水
龍長頭角虎生牙

風擺竹梢雪飛花
百草零落松柏嘉
數推元辰是何日
臘月初五毫不差

有守

戌時五刻最為良　一枕鴛鴦得安康

先天神數算魁父　慈母好善在高堂

海浮

梨花開放粉粧成　不遭風雨結果盈

三月二十君生日　子母分身喜氣榮

鈌可

堂上雙親寿不齊　父命早歸已泉溪

生身老母多年寿　神數詳推是屬雞

戒備

鴛鴦一對望高飛　妻宮屬狗有光輝

陰陽相配皆前定　紅絲牽來毫無違

食孤

梅花開放氣迎寒　風送夕陽盼春還

算君元辰在臘月　二十九日落塵凡

槐高

桃李芬芳滿御園　黃鶯綠柳鬧声喧
生辰三月十四日　南極老人同降凢

失外

先天神數定根源　不幸父親早歸天
慈母屬猪春常在　孀居勤儉治家緣

析疑

戊戌行來多不言　招非惹是生灾疾
人口不安六畜傷　事務紛紛冗蝟集

采孚

五行四柱本先天　草木凌霜盡凋殘
問君幾時生世宙　原是臘月二十三

詳追

亥時五刻論端詳　二親先有一個亡
命定妻宮不刑尅　父親早已命有傷

注耀

桃杏開花日正長　和風吹動滿園香
神數細推君降日　三月十六生母房
大運來行至丙申　泮池得意喜欣欣

王明

明倫堂上稱秀士　不負寒窗攻苦勤
先天定數毫不差　誰是百年長光華

肯失

父親先去歸泉土　慈母屬狗壽甚誇
九天寒氣透三冬　雪裡梅花逞嬌容

昔皮

生辰臘月二十五　試看領上秀孤松
子息多寡命有常　先天神數細推詳

立銀

嫡女不能生一子　納妾方五兒成郎

苦耶

松栢不凋草木衰　梅花傳信春又來
數定君生在臘月　二十七日降母懷

死天

先天神數定根源　堂上雙親不周全
慈母屬鼠壽年永　嚴父先去歸西天
辛酉運中不吉祥　是非口舌鬧門墻

怡然

百病纏身心撩乱　晝夜焦勞不安康
庚寅運裡有灾眚　行動不安坐不寧

炳彩

大小謀為不順利　又主破財又主驚

不吊

人生惟有孝順嘉　跪乳羔羊反哺鴉
慈母屬牛享年壽　父親不幸染黃沙

月坤

相袁

唐皇

倫乖

宜外

先天神數定吉祥　三星拱照最為良

四柱暗臨雙印地　算君該有兩個娘

撥亂臨门是非多　五鬼當職家不和

親生父子成吳越　準備蕭墻起干戈

世间三百六十行　行行出個狀元郎

先天神數細難算　知君買賣在糖房

五鬼臨门最可憂　自己兄弟如冤讐

手足情腸全不念　家中口舌闹不休

八字流年運不通　是非夾雜有灾眚

只因撥乱未当職　現今正該谋出行

謹權

四柱巧靈不可誇　一手能以托兩家
公平說買又說賣　稱行裡頭作生涯

虎爪

此命生來情性剛　仗義疎財好四方
算來你在公门走　民壯~~皁來衣手~~班囊抱身藏

糧戎

此命生來最堤誇　東家出來到西家
說糴說糶戎交易　一支集斗作生涯

儒段

八字生來食祿有　老師衙內效奔走
頭戴紅纓身穿袍　人人稱你是门斗

曰君

白裙凶煞入命閑　行動生卧心不安
夜來愁思多奇夢　急忙鎮送方保全

祈雨

戲水鴛鴦作對行　同宿交頸共和鳴

妻生丙寅年虎屬　炉中火命福自生

大有

己時二刻日近光　萬物各自任芬芳

兄弟三人生世宙　玉景堂前發楨祥

明月

綠水池中戲鴛鴦　野草開花遍地香

妻生屬兔年丁卯　炉中火命福壽長

伸情

午時二刻日當陽　兄弟行中最吉祥

八卦推算論次第　三人排列不成雙

焚香餘里使人之合詩曰

並頭蓮花遇春風　配定妻宮是屬龍
丙辰年生福祿大　沙中土命家業興
未時二刻日映斜　萬物逞祥景色佳
玉堂美景多秀麗　兄弟七人發光華
百年姻緣事若何　鴛鴦交頸戲水波
妻是屬蛇丁巳相　沙中土命福祿多
申時二刻蟬聲鳴　九垓四域溫金風
八卦推算兄弟數　三人並列塵埃中
千里姻緣使線牽　配妻屬猴丙申年
論命的是山下火　相偕伉儷同處安

人也　人者　火去　馬去　若是

大運一交丙子中　謀為萬事不甚通
丙子五年無灾害　子字五年有禍凶
一对鴛鴦共枕同　並頭蓮花映日紅
妻生属馬丙午相　天河水命百年榮
酉時二刻日近山　明月將升碧色天
神数算定兄弟五　各逞才能治家緣
大運行宮至丁丑　冗務紛〻百事有
天干丁火尚光明　地支丑土無路走
琴瑟相和弄好音　山川草木發青新
妻是属羊丁未相　天河水命百年欣

大壯

戊時二刻雷声鳴　秋深一派入參空
昆玉行中數定就　丑人都列非等栓

戰不

運至丙寅半吉凶　天干遇火尚光明
一入地支木不利　官非口舌大不亭

打殺

花开錦透賽芙蓉　寿似南山不老松
妻是屬雞丁酉相　山下火命最興隆

成功

亥時二刻萬物生　山川草木發光明
昆玉行中有幾個　數定兩個無疑更

描量

並頭蓮花最可人　琴瑟相和情意深
配妻屬狗丙戌相　屋上土命百年欣

所傷

運入丁卯事少成　官非攪擾口舌生

寄跡

上五年涸轍得水　下五年龍困沙中

子時三刻月平西　荷花出水有高低

兄弟八人分次第　剛柔强弱心不齊

見女

鴛鴦交頸兩團圓　配妻屬豬丁亥年

神数定命屋上土　相偕伉儷百年歡

鄭原

鴛鴦戲水在池邊　雙〻和合躍青蓮

妻是屬虎戊寅相　城頭土命永團圓

秋風

丑時三刻数定成　兄弟五人喜相迎

雁行排列分奇偶　剛柔强弱各不同

行弔

大運行宮至丙辰　半遇喜兆半驚心
逢丙干名利成就　入辰宮遭困狼羣

使人

一对鴛鴦有宿緣　雙雙和合喜無邊
配妻屬兎巳卯相　城頭土命自相安

竹葉

寅時三刻論命宮　昆玉行中手足情
八卦排列分次第　同胞兩人早著明

遂远

運行丁巳半吉昌　出入營求少光榮
天干逢丁財利顯　地支遇巳不安康

默祝

一对鴛鴦戲水濵　雙雙和好如琴瑟
妻是屬龍戊辰相　大林木命福祿深

裁衣十五責之勝景之事

卯時三刻数定真　昆玉行中共五人
玉景堂前風光好　富貴貧賤各自分
一对鴛鴦鳴好音　雙〻和合在水濱
妻是屬蛇已己相　大林木命喜氣臨
一对鴛鴦有宿緣　分飛南北共團圓
戊午年生妻屬馬　天上火命永平安
辰時三刻雁南飛　兄弟八人無背違
綠水青山依然在　同心協力發光輝
大運一交丙午中　也有吉來也有凶
名利双全遇丙火　災殃禍患在午宮

其人

鴛鴦飛入碧池潭　相應和鳴並團圓
妻是屬羊己未相　天上火命福祿全

羽毛

己時三刻日逝中　和氣蕩〻際春風
兄弟八個神數定　智愚賢巧覌富窮

不受

運交丁未不甚通　好似俊鳥藩入籠
名利補達逢丁火　事情扭捏在未宫

橫掛

交頸鴛鴦池中浮　姻緣配合喜自如
妻是屬猴戊申相　大驛土命慶有餘

伴風

午時三刻日滿盈　草木青〻花映紅
八卦推列分次第　兄弟七人志不同

府怒

自古婚姻天配成　夫倡婦隨鸞鳳鳴
妻是屬雞己酉相　大驛土命百年榮

酒館

梨白桃紅總是春　鴛鴦戲水在江濱
妻是屬狗戊戌相　平地木命喜欣欣

千山

未時三刻日轉西　兄弟四人分偶奇
玉景堂前風光好　長幼大小各不齊

觟害

丙申一運交十年　有苦有樂有酸甜
火運須知財利旺　申金逢之最難堪

衙前

鴛鴦配合非等輕　鸞鳳相交應和鳴
配妻屬猪己亥相　平地木命福自生

陶成

申時三刻最吉祥　三隻鴻雁排成行
兄弟六人分次第　方見此刻無乖張

訴至

丁酉一運整十年　前後分明兩字閒
遇丁火萬事如意　逢酉金災害來纏

天旱

月老紅絲配姻緣　青松翠栢永團圓
妻宮屬鼠年庚子　壁上土命福壽全

根大

酉時三刻一代秋　澄泓萬里澈中流
命中定就兄弟八　玉景堂前福祿周

秀士

帶雨桃花春色鮮　椰陰深處百鳥喧
妻生屬牛年辛丑　壁上土命壽祿堅

設壇 葉茂 人士 捉之 自圖

翠竹梅花兩相依　鴛鴦和好並肩飛
妻是屬虎庚寅相　松柏木命福壽齐
戌時三刻定的具　鴻雁高飛過江濱
兄弟同胞共四個　內外調理各有人
運入丙戌不為良　有災有憂有吉祥
過丙火逢凶化吉　逢戌土災患難當
月老紅絲配姻緣　鴛鴦戲水在清潭
妻是屬兔辛卯相　松柏木命永平安
亥時三刻定原因　鴻雁高飛在山林
長幼排列分次第　一母同胞共五人

勇聞

運逢丁亥事留連　凶連星殺暗來纏
过丁到亥諸事敗　營謀動作不勝前

見一

數定姻緣非偶然　鴛鴦匹配早結前
妻是屬龍庚辰相　白臘金命福壽全

半夜

子時四刻半夜停　兄弟七人各不同
有剛有柔有强弱　各人立志整門風

叮噹

鴛鴦配对蘆花依　琴瑟相和共羅幃
妻是屬蛇辛巳相　白臘金命壽眉齊

邵夫子前定終身神數 末部

衛廷奇

子時生人最為良　父母年寿得安康
纔交子時三个子　子時正中父㬎揚
子末妻宮难偕老　兄弟二三㬎过房
論母該有三層母　現有項戴耀門墻
五官四体貴無咎　父母遺体不自由

耳墜

先天神数細推箅　知君耳后有一猴
丑時生人刑尅偏　堂上父母不周全
纔交丑時二子命　孤身一个二妻連
丑時正中有項戴　搃有繼母也是賢
丑末还該承两嗣　父有功名奕世傳

一

面瘤

寅時生人也吉祥　堂上父母保安康
纔交寅時叅個子　兄弟二三有刑傷
寅時正中功名早　三四母層在高堂
寅末定是双妻命　縱無前程也过房
宋朝美貌屬子都　詩書傳來總不虛
数定君面有肐胳　父母遺体竟如何
卯時生人父母安　現今缺少拜孝男
纔交卯時父显貴　早有項戴在身边
卯時正中兩層母　兄弟五六不周全
卯末定知妻不少　習学手藝發財源

辰時生人主孤單　一双父母不周全
纔交辰時只一子　父子早定称鄉宦
辰時正中三妻命　更有継母在堂前
辰末定作貨商客　摠有弟兄是枉然
休說容顏周不周　父母遺体不自由

鼻峯

先天神数早定就　知君鼻間有一猴
巳時生人最為良　父母双全得安康
纔交巳時身榮耀　兄弟二三有过房
巳時正中两个子　父有頂戴光門墻
巳末一子还有妾　現有継母在高堂

二

目聳

午時生人弟兄多　父母双全享太和
纔交午時成名早　妻宮準備鼓盆歌
午時正中六个子　父有功名振山河
午末定是三層母　與家立業快如何
父母遺倖不自由　莫管容顏周不周
先天神數早定就　知君眼边有一猴
未時生人是孤根　堂上双親不能存
纔交未時現無子　早有項戴大異人
未時正中兩个子　必作行商坐賈人
未末定知早納妾　还該一嗣承兩門

三

排尊

申時生人弟兄三　結髮夫妻不團圓
纔交申時二子命　父有功名整家緣
申時正中有残破　二妻一子是根源
申末必定有繼母　習學手藝也光前
鴻雁高飛最為良　弟兄四个非尋常
神数定就你為長　友恭名盡自芬芳
酉時生人最顯榮　父母安樂多弟兄
纔交酉時兩層母　子息妻宮犯刑冲
酉時正中父顯貴　膝下現有兩兒童
酉末兄弟有離散　祖業根基守不成

戌時生人是孤身　火父缺刑方為真
纔交戌時有帶破　現無同衾共枕人
戌時正中双妻命　早立子宮嗣後昆
戌末父恩真榮耀　三子去一福祿均
鴻雁高飛过南窓　兄弟行中最吉祥

排戌

數推二人有頂戴　出類拔萃耀門墻
亥時生人最為奇　身居榮耀發根基
纔交亥時妻偕老　子宮兩个父先离
亥時正中兄弟二　三有过繼不須疑
亥末孤身當遊外　若無手藝為人役

辰墨

女命子時大吉昌　姊妹四五父母康
繞交子時二子命　父母不全父早亡
子時正中夫必貴　現有三子在身旁
子末該吃二井水　配定夫男是过房
此命生来不非輕　原来上方左金童
足下黑点留暗記　須將神符化水中
女命丑時主孤單　两層父母不周全
繞交丑時命必苦　不作后婚也坐偏
丑時正中三个子　夫有前程享福田
丑末一子夫早死　身有带破現当然

四

女命寅時父母全　姊妹之數有二三
纔交寅時兩个子　不过中年守孤单
寅時正中少子息　另配夫郎別嫁男
寅末定主夫榮貴　使奴喝婢享自然
孔孟詩書為事功　口誦心惟求貫通
潛龍異日身行財旺地　生出官来振家風
女命卯時享福多　配夫營〔栄〕貴作富婆
纔交卯時一子命　望夫石上動悲歌
卯時正中父先死　随娘改嫁任婆娑
卯末孤身無依靠　千辛萬苦受折磨

五

女命辰時不吉祥　不幸父母有先亡
纔交辰時主孤独　配夫定然是过房
辰時正中三子命　姊妹二三有刑傷
辰末定知父亡早　只有一子在身旁
此命容顔不甚佳　頭前面後有胞胳

餘元

虽然是个小带破　父母遺体說甚広
女命巳時福有根　堂上父母壽如春
纔交巳時五个子　夫有前程振家門
巳時正中姊妹二　早有一子喜欣〻
巳末自幼离母去　別家門内長成人

女命午時食祿豐　堂上双親保安寧
纔交午時三个子　姊妹四人有尅刑
午時正中夫顯貴　命中無子取螟蛉
午末四子有过繼　晚景孀居寿不終

勤家

赤心耿〻整家緣　費心勞力不可言
除你担着千斤担　旁人还說你輕閑
女命未時有刑傷　尅夫損子最难当
纔交未時一子命　定主父在母先亡
未時正中三婚配　必得榮花富貴郎
未末三子該去一　夫妻偕老得安康

六

與才

女命申時享榮花　配夫过房兩人家
纔交申時父逝早　姊妹三个最為嘉
申時正中重婚配　命有三子福無涯
申末丈夫有項戴　想穿紬緞又換紗
此命好是一条繩　居家事業你捆成
有你看到也不㬎　離你寸步不能行
女命酉時福祿深　父在高堂母欣〻
纔交酉時姊妹四　現有二子方為真
酉時正中夫亡早　孀居至今有几春
酉末父在母先逝　夫名早成是貴人

月把

女命戌時苦零丁　一母生下兩母成
總交戌時夫必貴　命有二子大顯榮
戌時正中有姊妹　望門守寡泪盈々
戌末定知有繼母　膝下現今少兒童
鴻雁高飛过太空　兄弟二人手足情
一母同胞分次弟　各自奮力逞才能
女命亥時父有傷　姊妹三人母在堂
總交亥時重婚配　現有二子在身傍
亥時正中夫榮耀　使奴喝婢有餘粮
亥末不幸夫先逝　撫育三子謹守孀

中孚

八字生來性情偏　忠厚老誠無曲灣
人托你如托太山　你托人如托雞卵

險安

荆棘叢中赤脚走　虎狼羣中跑出來
黃連根上長甘草　你真甜從苦上挨

寡助

得地時偏多知己　吃跌処無一相親
只因你金寒水冷　遇的是負義忘恩

恢土

一自破敗入命來　費心勞力不聚財
祖業根基难保守　晝夜謀為不趣懷

难救

荆棘叢中曾赤脚　虎狼羣內走一遭
若非吉星暗相照　就是神仙也难逃

女命辰明

占筮類			
1	擲地金聲搜精秘訣	心一堂編	沈氏研易樓藏稀見易占秘鈔本
2	卜易拆字秘傳百日通	心一堂編	
3	易占陽宅六十四卦秘斷	心一堂編	火珠林占陽宅風水秘鈔本
星命類			
4	斗數宣微	【民國】王栽珊	民初最重要斗數著述之一；未刪改本
5	斗數觀測錄	【民國】王栽珊	失傳民初斗數重要著作
6	《地星會源》《斗數綱要》合刊	心一堂編	失傳的第三種飛星斗數
7	《斗數秘鈔》《紫微斗數之捷徑》合刊	心一堂編	珍稀「紫微斗數」舊鈔秘本
8	斗數演例	心一堂編	
9	紫微斗數全書（清初刻原本）	題【宋】陳希夷	斗數全書本來面目；有別於錯誤極多的坊本
10-12	鐵板神數（清刻足本）——附秘鈔密碼表	題【宋】邵雍	無錯漏原版秘鈔密碼表　首次公開！
13-15	蠢子數纏度	題【宋】邵雍	蠢子數連密碼表打破數百年秘傳　首次公開！
16-19	皇極數	題【宋】邵雍	清鈔孤本附起例及完整密碼表研究神數必讀！
20-21	邵夫子先天神數	題【宋】邵雍	附手鈔密碼表研究神數必讀！
22	八刻分經定數（密碼表）	題【宋】邵雍	皇極數另一版本；附手鈔密碼表
23	新命理探原	【民國】袁樹珊	子平命理必讀教科書！
24-25	袁氏命譜	【民國】袁樹珊	
26	韋氏命學講義	【民國】韋千里	民初二大命理家南袁北韋
27	千里命稿	【民國】韋千里	北韋之命理經典
28	精選命理約言	【民國】韋千里	
29	滴天髓闡微——附李雨田命理初學捷徑	【民國】袁樹珊、李雨田	命理經典未刪改足本
30	段氏白話命學綱要	【民國】段方	民初命理經典最淺白易懂
31	命理用神精華	【民國】王心田	學命理者之寶鏡

32	命學探驪集	【民國】張巢雲	發前人所未發 稀見民初子平命理著作
33	澹園命談	【民國】高澹園	
34	算命一讀通——鴻福齊天	【民國】不空居士、覺先居士合纂	
35	子平玄理	【民國】施惕君	
36	星命風水秘傳百日通	心一堂編	
37	命理大四字金前定	題【晉】鬼谷子王詡	源自元代算命術
38	命理斷語義理源深	心一堂編	稀見清代批命斷語及活套
39－40	文武星案	【明】陸位	失傳四百年《張果星宗》姊妹篇 千多星盤命例　研究命學必備
相術類			
41	新相人學講義	【民國】楊叔和	失傳民初白話文相術書
42	手相學淺說	【民國】黃龍	民初中西結合手相學經典
43	大清相法	心一堂編	重現失傳經典相書
44	相法易知	心一堂編	
45	相法秘傳百日通	心一堂編	
堪輿類			
46	靈城精義箋	【清】沈竹礽	沈氏玄空遺珍 玄空風水必讀
47	地理辨正抉要	【清】沈竹礽	
48	《玄空古義四種通釋》《地理疑義答問》合刊	沈瓞民	
49	《沈氏玄空吹虀室雜存》《玄空捷訣》合刊	【民國】申聽禪	
50	漢鏡齋堪輿小識	【民國】查國珍、沈瓞民	
51	堪輿一覽	【清】孫竹田	失傳已久的無常派玄空經典
52	章仲山挨星秘訣（修定版）	【清】章仲山	章仲山無常派玄空珍秘 門內秘本首次公開
53	臨穴指南	【清】章仲山	
54	章仲山宅案附無常派玄空秘要	心一堂編	沈竹礽等大師尋覓一生 末得之珍本！
55	地理辨正補	【清】朱小鶴	玄空六派蘇州派代表作
56	陽宅覺元氏新書	【清】元祝垚	簡易·有效·神驗之玄 空陽宅法
57	地學鐵骨秘　附　吳師青藏命理大易數	【民國】吳師青	釋玄空廣東派地學之秘
58－61	四秘全書十二種（清刻原本）	【清】尹一勺	玄空湘楚派經典本來 面目 有別於錯誤極多的坊本

62	地理辨正補註　附 元空秘旨　天元五歌　玄空精髓　心法秘訣等數種合刊	【民國】胡仲言	貫通易理、巒頭、三元、三合、天星、中醫
63	地理辨正自解	【清】李思白	公開玄空家「分率尺、工部尺、量天尺」之秘
64	許氏地理辨正釋義	【民國】許錦灝	民國易學名家黃元炳力薦
65	地理辨正天玉經內傳要訣圖解	【清】程懷榮	秘訣一語道破，圖文并茂
66	謝氏地理書	【民國】謝復	玄空體用兼備、深入淺出
67	論山水元運易理斷驗、三元氣運說附紫白訣等五種合刊	【宋】吳景鸞等	失傳古本《玄空秘旨》《紫白訣》
68	星卦奧義圖訣	【清】施安仁	
69	三元地學秘傳	【清】何文源	
70	三元玄空挨星四十八局圖說	心一堂編	三元玄空門內秘笈　清鈔孤本 過去均為必須守秘不能公開秘密 與今天流行飛星法不同
71	三元挨星秘訣仙傳	心一堂編	
72	三元地理正傳	心一堂編	
73	三元天心正運	心一堂編	
74	元空紫白陽宅秘旨	心一堂編	
75	玄空挨星秘圖　附 堪輿指迷	心一堂編	
76	姚氏地理辨正圖說　附 地理九星并挨星真訣全圖　秘傳河圖精義等數種合刊	【清】姚文田等	蓮池心法　玄空六法 門內秘鈔本首次公開
77	元空法鑑批點本——附 法鑑口授訣要、秘傳玄空三鑑奧義匯鈔　合刊	【清】曾懷玉等	
78	元空法鑑心法	【清】曾懷玉等	
79	曾懷玉增批蔣徒傳天玉經補註【新修訂版原（彩）色本】	【清】項木林、曾懷玉	
80	地理學新義	【民國】俞仁宇撰	揭開連城派風水之秘
81	地理辨正揭隱（足本）　附連城派秘鈔口訣	【民國】王邈達	
82	趙連城傳地理秘訣附雪庵和尚字字金	【明】趙連城	
83	趙連城秘傳楊公地理真訣	【明】趙連城	
84	地理法門全書	仗溪子、芝罘子	巒頭風水，內容簡核、深入淺出
85	地理方外別傳	【清】熙齋上人	巒頭形勢、「望氣」「鑑神」
86	地理輯要	【清】余鵬	集地理經典之精要
87	地理秘珍	【清】錫九氏	巒頭、三合天星，圖文並茂
88	《羅經舉要》附《附三合天機秘訣》	【清】賈長吉	清鈔孤本羅經、三合訣法圖解
89-90	嚴陵張九儀增釋地理琢玉斧巒	【清】張九儀	清初三合風水名家張九儀經典清刻原本！

心一堂術數古籍珍本叢刊　第二輯書目

占筮類			
121	卜易指南(二種)	【清】張孝宜	民國經典，補《增刪卜易》之不足
122	未來先知秘術——文王神課	【民國】張了凡	內容淺白、言簡意賅、條理分明
星命類			
123	人的運氣	汪季高(雙桐館主)	五六十年香港報章專欄結集！
124	命理尋源	【民國】徐樂吾	民國三大子平命理家徐樂吾必讀經典！
125	訂正滴天髓徵義		
126	滴天髓補註 附 子平一得		
127	窮通寶鑑評註 附 增補月談賦 四書子平		
128	古今名人命鑑		
129-130	紫微斗數捷覽(明刊孤本)[原(彩)色本] 附 點校本 (上)(下)	馮一、心一堂術數古籍整理編校小組 整理	明刊孤本 首次公開！
131	命學金聲	【民國】黃雲樵	民國名人八字、六壬奇門推命
132	命數叢譚	【民國】張雲溪	子平斗數共通、百多民國名人命例
133	定命錄	【民國】張一蟠	民國名人八十三命例詳細生平
134	《子平命術要訣》《知命篇》合刊	【民國】鄒文耀、【民國】胡仲言 撰	《子平命術要訣》科學命理；《知命篇》易理皇極、命理地理、奇門六壬互通
135	科學方式命理學	閻德潤博士	匯通八字、中醫、科學原理！
136	八字提要	韋千里	民國三大子平命理家韋千里必讀經典！
137	子平實驗錄	【民國】孟耐園	作者四十多年經驗 占卜奇靈 名震全國！
138	民國偉人星命錄	【民國】囂囂子	幾乎包括所民初總統及國務總理八字！
139	千里命鈔	韋千里	失傳民初三大命理家-韋千里 代表作
140	斗數命理新篇	張開卷	現代流行的「紫微斗數」內容及形式上深受本書影響
141	哲理電氣命數學——子平部	【民國】彭仕勛	命局按三等九級格局、不同術數互通借用
142	《人鑑——命理存驗・命理擷要》(原版足本)附《林庚白家傳》	【民國】林庚白	傳統子平學修正及革新、大量名人名例
143	《命學苑苑刊——新命》(第一集)附《名造評案》《名造類編》等	【民國】林庚白、張一蟠等撰	史上首個以「唯物史觀」來革新子平命學結集
相術類			
144	中西相人探原	【民國】袁樹珊	按人生百歲，所行部位，分類詳載
145	新相術	【美國】李拉克福原著、【民國】沈有乾編譯	通過觀察人的面相身形、色澤舉止等，得知性情、能力、習慣、優缺點等
146	骨相學	【民國】風萍生編著	結合醫學中生理及心理學，影響近代西、日、中相術深遠
147	人心觀破術 附運命與天稟	【日本】管原如庵、加藤孤雁原著，【民國】唐真如譯	觀破人心、運命與天稟的奧妙

148	《人相學之新研究》《看相偶述》合刊	盧毅安	集中外大成，無不奇驗；影響近代香港相術名著
149	冰鑑集	【民國】碧湖鷗客	各家相法精華、相術捷徑、圖文並茂附名人照片
150	《現代人相百面觀》《相人新法》合刊	【民國】吳道子輯	失傳民初相學經典二種 重現人間！
151	性相論	【民國】余晉龢	民初北平公安局專論相學與犯罪專著（犯罪學生物學派）
152	《相法講義》《相理秘旨》合刊	韋千里、孟瘦梅	命理學大家韋千里經典、傳統相術秘籍精華
153	《掌形哲學》附《世界名人掌形》《小傳》	【民國】余萍客	圖文并茂、附歐美名人掌形圖及生平簡介
154	觀察術	【民國】吳貴長	可補充傳統相術之不足
堪輿類			
155	羅經消納正宗	【明】沈昇撰、【明】史自成、丁孟章合纂	失傳四庫存目珍稀風水古籍
156	風水正原	【清】余天藻	●積德為求地之本，形家必讀！●純宗形家，與清代欽天監地理風水主張大致相同
157	安溪地話（風水正原二集）		
158	《蔣子挨星圖》附《玉鑰匙》	傳【清】蔣大鴻等	窺知無常派章仲山一脈真傳奧秘
159	樓宇寶鑑	吳師青	陽宅風水必讀、現代城市樓宇風水看法改革
160	《香港山脈形勢論》《如何應用日景羅經》合刊		香港風水山脈形勢專著
161	三元真諦稿本——讀地理辨正指南	【民國】王元極	被譽為蔣大鴻、章仲山後第一人 內容直接了當，盡揭三元玄空家之秘
162	三元陽宅萃篇		
163	王元極增批地理冰海 附批點原本地理冰海	【清】高守中【民國】王元極	
164	地理辨正發微	【清】唐南雅	極之清楚明白，披肝露膽
165-167	增廣沈氏玄空學 附 仲山宅斷秘繪稿本三種、自得齋地理叢說稿鈔本（上）（中）（下）	【清】沈竹礽	玄空必讀經典！附《仲山宅斷》幾種鈔本及批點本，畫龍點睛、披肝露膽，道中刊印本未點破的秘訣
168-169	巒頭指迷（上）（下）	【清】尹貞夫原著、【民國】何廷珊增訂、批注	圖文并茂：龍、砂、穴、水、星辰九十九變 洩漏天機：蔣大鴻、賴布衣挨星秘訣及用法
170-171	三元地理真傳（兩種）（上）（下）	【清】趙文鳴	蔣大鴻嫡派真傳張仲馨一脈二十種家傳秘本、宅墓案例三十八圖，並附天星擇日
172	三元宅墓圖 附 家傳秘冊		
173	宅運撮要	【民國】尤惜陰（演本法師）、榮柏雲	撮三集《宅運新案》之精要
174	章仲山秘傳玄空斷驗筆記 附 章仲山斷宅圖註	【清】章仲山傳、【清】唐鷺亭纂	無常派玄空不外傳秘中秘！二宅實例有斷驗及改造內容
175	汪氏地理辨正發微 附 地理辨正真本	【清】蔣大鴻、姜垚原著、【清】汪云吾發微	蔣大鴻嫡派張仲馨一脈三元理、法、訣具體泄露
176	蔣大鴻家傳歸厚錄汪氏圖解	【清】蔣大鴻、【清】汪云吾圖解	
177	蔣大鴻嫡傳三元地理秘書十一種批注	【清】蔣大鴻原著、【清】汪云吾、【清】劉樂山註	三百年來最佳《地理辦正》註解！石破天驚！

178	《星氣(卦)通義(蔣大鴻秘本四十八局圖并打劫法)》《天驚秘訣》合刊	題【清】蔣大鴻 著	江西興國真傳三元風水秘本
179	蔣大鴻嫡傳天心相宅秘訣全圖附陽宅指南等秘書五種	【清】蔣大鴻編訂、【清】汪云吾、劉樂山註	蔣大鴻徒張仲馨秘傳陽宅風水「教科書」！
180	家傳三元地理秘書十三種		真天宮之秘 千金不易之寶
181	章仲山門內秘傳《堪輿奇書》附《天心正運》	【清】章仲山傳、【清】華湛恩	直洩無常派章仲山玄空風水不傳之秘
182	《挨星金口訣》、《王元極增批補圖七十二葬法訂本》合刊	[民國]王元極	秘中秘——玄空挨星真訣公開！字字千金！
183-184	《家傳三元古今名墓圖集附謝氏水鉗》《蔣氏三元名墓圖集》合刊(上)(下)	(清)孫景堂，劉樂山，張稼夫	蔣大鴻嫡傳風水宅案、幕講師、蔣大鴻、姜垚等名家多個實例，破禁公開！
185-186	《山洋指迷》足本兩種 附《尋龍歌》(上)(下)	【明】周景一	風水巒頭形家必讀《山洋指迷》足本！
187-196	蔣大鴻嫡傳水龍經注解 附 虛白廬藏珍本水龍經四種(1-10)	【清】蔣大鴻編訂、【清】楊臥雲、汪云吾、劉樂山註	蔣大鴻嫡傳一脈授徒秘笈 希世之寶 千年以來，師師相授之秘旨，破禁公開！完整了解蔣氏嫡派真傳一脈三元理、法、訣！ 附已知最古《水龍經》鈔本等五種稀見《水龍經》
197	批注地理辨正直解		
198	《天元五歌闡義》附《元空秘旨》(清刻原本)	【清】章仲山	無常派玄空必讀經典未刪改本！
199	心眼指要(清刻原本)		
200	華氏天心正運	【清】華湛恩	
201-202	批注地理辨正再辨直解合編(上)(下)	【清】蔣大鴻原著、【清】姚銘三再註、【清】章仲山直解	失傳姚銘三玄空經典重現人間！名家：沈竹礽、王元極推薦！
203	章仲山注《玄機賦》《元空秘旨》附《口訣中秘訣》《因象求義》等九種合刊	【清】章仲山	近三百年來首次公開！　章仲山無常派玄空秘密，和盤托出！
204	章仲山門內真傳《三元九運挨星篇》《運用篇》《挨星定局篇》《口訣篇》等合刊	【清】章仲山、柯遠峰等	章仲山注《玄機賦》及章仲山原傳之口訣及筆記
205	章仲山門內真傳《大玄空秘圖訣》《天驚訣》《飛星要訣》《九星斷略》《得益錄》等合刊	【清】章仲山、冬園子等	
206	撼龍經真義	吳師青註	近代香港名家吳師青必讀經典
207	章仲山嫡傳《翻卦挨星圖》《秘鈔元空秘旨》 附《秘鈔天元五歌闡義》	【清】章仲山傳、【清】王介如輯撰	透露章仲山家傳玄空嫡傳學習次弟及關鍵不傳之秘
208	章仲山嫡傳秘鈔《秘圖》《節錄心眼指要》合刊		史上首次公開「無常派」下卦起星等挨星秘密之書
209	《談氏三元地理大玄空實驗》附《談養吾秘稿奇門占驗》	【民國】談養吾撰	了解談氏入世的易學卦德爻象思想
210	《談氏三元地理濟世淺言》附《打開一條生路》		
211-215	《地理辨正集註》附《六法金鎖秘》《巒頭指迷真詮》《作法雜綴》等(1-5)	【清】尋緣居士	集《地理辨正》一百零八家註解大成精華 匯巒頭及蔣氏、六法、無常、湘楚等秘本 集史上最大篇幅的《地理辨正》註解
216	三元大玄空地理二宅實驗(足本修正版)	【民國】尤惜陰(演本法師)、榮柏雲撰	三元玄空無常派必讀經典足本修正版

217	蔣徒呂相烈傳《幕講度針》附《元空秘斷》《陰陽法竅》《挨星作用》	【清】呂相烈	蔣大鴻門人呂相烈三元秘本三百年來首次破禁公開！
218	挨星撮要(蔣徒呂相烈傳)		
219-221	《沈氏玄空挨星圖》《沈註章仲山宅斷未定稿》《沈氏玄空學(四卷原本)》合刊(上中下)	【清】沈竹礽 等	揭開沈氏玄空挨星五行吉凶斷的變化及不同用法 章仲山宅斷未刪本、沈氏玄空學原本佚文、玄空挨星圖稿鈔本 大公開！
222	地理穿透真傳(虛白廬藏清初刻原本)	【清】張九儀	三合天星家宗師張九儀畢生地學精華結集
223-224	地理元合會通二種(上)(下)	【清】姚炳奎	分發兩家(三元、三合)之秘，會通其用 詳解注羅盤(蔣盤、賴盤)；義理、斷驗俱精
其他類			
225	天運占星學 附 商業周期、股市粹言	吳師青	天星預測股市，神準經典
226	易元會運	馬翰如	《皇極經世》配卦以推演世運與國運
三式類			
227	大六壬指南(清初木刻五卷足本)		六壬學占驗課案必讀經典海內善本
228-229	甲遁真授秘集(批注本)(上)(下)	【清】薛鳳祚	明清皇家欽天監秘傳奇門遁甲 奇門、易經、皇極經世結合經典
230	奇門詮正	【民國】曹仁麟	簡易、明白、實用，無師自通！
231	大六壬探源	【民國】袁樹珊	民初三大命理家袁樹珊研究六壬四十餘年代表作
232	遁甲釋要		推衍遁甲、易學、洛書九宮大義！
233	《六壬卦課》《河洛數釋》《演玄》合刊	【民國】徐昂	疏理六壬、河洛數、太玄隱義！
234	六壬指南(【民國】黃企喬)	【民國】黃企喬	失傳經典 大量實例
選擇類			
235	王元極校補天元選擇辨正	原【清】謝少暉輯、【民國】王元極校補	三元地理天星選日必讀
236	王元極選擇辨真全書 附 秘鈔風水選擇訣	【民國】王元極	王元極天昌館選擇之要旨
237	蔣大鴻嫡傳天星選擇秘書注解三種	【清】蔣大鴻編訂、【清】楊臥雲、汪云吾、劉樂山註	蔣大鴻陰陽二宅天星擇日日課案例！
238	增補選吉探源	【民國】袁樹珊	按表檢查，按圖索驥：簡易、實用！
239	《八風考略》《九宮撰略》《九宮考辨》合刊	沈瓞民	會通沈氏玄空飛星立極、配卦深義
其他類			
240	《中國原子哲學》附《易世》《易命》	馬翰如	國運、世運的推演及預言